HEYNE FILMBIBLIOTHEK

HEINZ ERHARDT und seine Filme

von ROLF THISSEN

Originalausgabe

WILHELM HEYNE VERLAG
MÜNCHEN

HEYNE-FILMBIBLIOTHEK
Nr. 32/89

Copyright © 1986 by Wilhelm Heyne Verlag GmbH & Co. KG, München,
und Autor
Umschlagfoto: Süddeutscher Verlag, Bilderdienst, München
Rückseitenfoto: Stiftung Deutsche Kinemathek, Berlin
Innenfotos: Stiftung Deutsche Kinemathek, Berlin; Peter Bischoff, Worpswede;
Süddeutscher Verlag, Bilderdienst, München; Archiv Dr. Karkosch, Gilching;
Deutsches Institut für Filmkunde, Frankfurt; Archiv Lothar Just, München;
Archiv des Autors
Umschlaggestaltung: Atelier Ingrid Schütz, München
Printed in Germany 1986
Satz: Fotosatz Völkl, Germering
Druck und Verarbeitung: Ebner Ulm

ISBN 3-453-86089-6

Inhalt

Für meinen Vater

Zu diesem Buch

Kommt! Lasset von Tonne zu Tonne uns eilen!
Wir wollen dem Müll eine Abfuhr erteilen!

(aus: Heinz Erhardt, »Chor der Müllabfuhr«)

Dies ist das erste Buch *über* Heinz Erhardt; *von* ihm gab es im Laufe der Zeit ein halbes Dutzend Bücher; davon ist allerdings nur eines (Das Große Heinz Erhardt Buch) heute noch lieferbar. Da der Schwerpunkt des vorliegenden Bandes ausdrücklich auf den *Filmen* mit Heinz Erhardt liegt, konnte die Darstellung seines privaten und beruflichen Werdeganges nur relativ kurz und kursorisch sein. Es gäbe über Erhardts Entwicklung – außerhalb des filmischen Bereiches – eine Menge mehr zu sagen. Aber wie gesagt: Das war nicht die gestellte Aufgabe.

Soweit es machbar war in der zur Verfügung stehenden Zeit und mit den zur Verfügung stehenden Mitteln, habe ich die Filme mit Heinz Erhardt – auch wenn ich sie früher schon im Kino oder im Fernsehen gesehen hatte – erneut gesichtet und protokolliert. In Zahlen ausgedrückt: Von den 38 Filmen mit Heinz Erhardt, die ich identifizieren konnte, habe ich 28 auf 35- oder 16-mm-Kopien und auf Video auftreiben können. Ein Film *(II-A in Berlin)* gilt als verschollen. Kopien der restlichen neun Filme ausfindig zu machen, hätte eine langwierige, detektiv-ähnliche Tätigkeit erfordert. Film wird hierzulande immer noch als ein eher flüchtiges Medium behandelt, um dessen Archivierung und Konservierung sich zwar viele kümmern, doch eine zentrale Stelle – wie in vielen anderen Ländern – gibt es in der Bundesrepublik bis jetzt noch nicht.

Im Hauptteil des Buches habe ich – zumindest stichwortartig – versucht, Heinz Erhardts Filme und seine Rollen in ihnen einzuordnen in ihr politisches, gesellschaftliches und kulturelles Umfeld. Der vorgegebene Umfang des Buches ließ allerdings auch dabei eher nur Andeutungen zu.

Die Beschäftigung mit der Person und dem Phänomen Heinz Erhardt brachte zwangsläufig eine Auseinandersetzung mit den fünfziger und sechziger Jahren mit sich – und damit für mich auch eine Rückbesinnung auf meine eigene Kindheit und Jugend. Ich war *ein* Jahr alt, als Heinz Erhardt 1949 sein Filmdebüt gab. Daher auch die etwas ambivalente Widmung dieses Buches.

Ohne gemischte Gefühle aber möchte ich an dieser Stelle ausdrücklich Dank sagen: An Uwe Wilk aus Reutlingen, der wieder tief in sein ergiebiges Archiv gegriffen hat; an Wally Bockmayer in Köln, der mir eine ganze Kiste voller Videokassetten schickte, obwohl er sie in der Regel höchst ungern herausrückt; an Helmut Regel und Dr. Peter Bucher vom Bundesarchiv in Koblenz und an Walther Seidler von der Stiftung Deutsche Kinemathek in Berlin, die bereitwillig zu helfen versuchten, ebenso wie Bruno Joas von der Firma Taurus-Film in München; an Gudrun Weiß von der Friedrich-Wilhelm-Murnau-Stiftung in Wiesbaden, die hervorragende Detektiv-Arbeit leistete; an die freundlichen Mitarbeiter des Deutschen Instituts für Filmkunde in Frankfurt, die ein offenes Ohr für meine Probleme hatten; an das Filmvorführstudio Meister in München, dessen »Meister« auch mit einer ramponierten Filmkopie noch eine einwandfreie Vorführung zustande bringt; an Ulrich Kurowski, der im Archiv der Hochschule für Fernsehen und Film in München stets das über den Tisch reicht, was man gerade braucht; an Elfi Fabri, dem guten Geist der Kultur-Redaktion des *Kölner Stadt-Anzeigers,* die ihrem ehemaligen »Boss« noch immer gerne unter die Arme greift; an Bodo Fründt und Karl Beckers in München, die ihre Verbindungen und Wohnungen zur Verfügung stellten, als sei es selbstverständlich; an Hans Peter Kochenrath in Spießheim, der trotz Arbeitsüberlastung noch Zeit fand, lästige Briefe zu beantworten; an Frau Vogt von der Firma Transocean in München, die großzügig Videos zur Verfügung stellte; an Susanne von Medvey in München, die mich mit Erhardts früherem Manager Horst Klemmer bekannt machte; an Horst Klemmer in Oldenburg, der mir weitere Türen öffnete; an Silvia Koller vom Bayerischen Fernsehen, die es mir ermöglichte, über »Alles oder Nichts« nachzudenken; an Sabrina Lorenz und Norbert Preuss, die mich, auch wenn sie es nicht unbedingt merkten, vor größeren Abstürzen bewahrten.

Und an Hannelore Nöst aus Graz, die am stärksten unter meinen Launen zu leiden hatte, wenn es mit dem Manuskript nicht planmäßig voranging.

Als Anhalter in Bayern: Heinz Erhardt 1956 in ›Mädchen mit schwachem Gedächtnis‹

Ein entscheidender Tip kam – in gedruckter Form – von Luis Buñuel. Aber das bleibt mein kleines Geheimnis.

Rolf Thissen
Weyarn, Oberbayern

I. Er-har(d)t, sie-weich:
Das Werk und der Mensch

Denkt man an Deutschlands (Kino-)Komiker der achtziger Jahre, sieht's ziemlich traurig aus. Ob's nun Mike Krüger ist, der sich auf seine vermeintliche Supernase verläßt; oder Didi Hallervorden, der Grimassenschneider und Grunzer, der sattsam bekannten Kintopp-Klamauk reproduziert; oder Otto Waalkes, der Blödler und Kalauer, der ohne gewisse Vorbilder ein Nichts wäre – zum Weinen. Niveau: Nahezu Null. Eine triste Kiste. Irrlichternde Anarcho-Ausnahmen: die Bayern Gerhard Polt und Herbert Achternbusch. Gespenstisch.

In der Vergangenheit, früher, in den *guten* alten Zeiten, sah's auch nicht viel besser aus. Was die Deutschen so zu ihren liebsten Entertainern erkoren – Heinz Rühmann, ein Neutrum in jeder Hinsicht; Peter Kraus oder Peter Alexander, jungenhaft/kindische Harmloser; Peter Frankenfeld und Hans Joachim Kulenkampff, väterlich/onkelhafte Nettmenschen. Keine Ecken und Kanten, nichts Kritisches, nichts Aggressives – iiihh bewahre. Nichts.

Rund und rundlich war auch Heinz Erhardt.

Nichts ist erotischer als Macht und Erfolg. Und Erfolg macht Macht. Im Showbusiness ist Erfolg immer mit Erotik verknüpft. Oder mit der Abwesenheit von Erotik. Weil man sich dann gefahrloser identifizieren kann. Siehe oben.

Heinz Erhardt erfindet eines Tages dieses Wortspiel mit seinem Namen: »Er hart, sie weich«. Er-har(d)t, sie-weich. Und deutet damit zwei Aspekte *einer* Persönlichkeit an – spielt auf eine weibliche und eine männliche Variante an. Postuliert er damit – seiner Zeit voraus – freie Fahrt für die Doppelgeschlechtlichkeit? Macht das seine Fans an?

In dem Film *Ach Egon!* (1961) tritt Heinz Erhardt im Fummel auf, zeigt er sich in Frauenkleidern.

»Sein Alter scheint ihn vor Sexualität zu schützen«, schreibt Armgard Seegers am 17. Juni 1983 in einem klugen Artikel in der *Zeit,* »und auch über die Unzulänglichkeiten seines Körpers, sonst Handwerkzeug jedes besseren Komikers, braucht er nicht mehr zu stolpern. Seine Stimme ist es, die in süßlich ver-

›Ach Egon‹: *Heinz Erhardt als Schriftstellerin, flankiert von Carmela Künzel (links) und Grethe Weiser*

schmitztem Tonfall irritiert. Säusel, zirp, schmeichel. So scham-los kindisch, so hoffnungslos blöd ist heute nur Otto.« Eben.

Es ist aber nicht nur das Alter, das ihn schützt – es ist der ganze Mann, der sexlos zu sein scheint. Auch wenn er – früher einmal – Kinder gezeugt hat. Er ist prädestiniert dazu, Vater-Rollen zu spielen. Das machen schon die Titel seiner frühen Erfolgsfilme deutlich: *Vater, Mutter und neun Kinder* (1958) oder *Witwer mit fünf Töchtern* (1957).

Lebt eine Ehefrau an seiner Seite, handelt es sich meist um den Typ »Drachen«, oft verkörpert von Loni Heuser. Gerät Heinz Erhardt mit jüngeren Frauen aneinander, wie zum Beispiel mit einer sehr süßen Christine Kaufmann in *Der letzte Fußgänger* (1960), entwickelt sich so gut wie immer ein Onkel-Verhältnis – ohne Schokolade.

In ihrer pragmatisch-knappen, materialistischen Art reduzieren die Amerikaner die (sexuelle) Anziehung der Geschlechter füreinander gerne auf die (männliche) Vorliebe für bestimmte Körperteile: Sie sprechen von »Tit men«, »Leg men«, »Ass men« (Busen-Männer, Bein-Männer, Po-Männer). Den Begriff »Voice men« (Stimmen-Männer) gibt es nicht. Dabei ist gerade die Stimme bei einer Frau – und womöglich auch bei einem Mann – oft das Erotischste und das Entscheidendste. Wenn die Stimme nicht stimmt, hat Eros keine Chance.

In Heinz Erhardts Stimme vor allem zeigt sich seine weiche, weiblich-weibische Seite: in dieser leisen, sanften, säuselnden Intonation. Aber auch in seiner *Körper*sprache, in den linkisch-verlegenen-tuntigen Posen. In der *Süddeutschen Zeitung* kann man am 20. Februar 1969 lesen: »Bezeichnenderweise war Erhardt in deutschen Kinolustspielen nie so gut, wie er sein konnte: immer etwas *tuntig-schüchtern,* scheinheilig-fromm wie eine Spitzweg-Figur.« (Hervorhebung von mir; Anm. d. A.) Da steckt ein femininer Charakter in einem männlichen Körper. Wie gesagt: Nur einmal, in *Ach Egon!,* kommt die Frau in Heinz Erhardt zum Vorschein.

Männliche Männer hat er so gut wie nie gespielt. Nur einmal, in *Der Haus-Tyrann,* stellt er einen bösartigen Unsympath dar (der sich am Ende freilich wandelt). Da ist der Mann in Heinz Erhardt gleich ganz übertrieben männlich, ein Macho-Tyrann in Biedermann-Gestalt. Wen verulkt er mit seinem verdrehten Humor?

Heinz Erhardt, ein verkappter Transi? Wohl kaum.

Der »schrille Typ« (so der *Spiegel* 1983 über Erhardt) ist eine Figur der fünfziger Jahre. Der bundesdeutschen Nachkriegszeit. Der Nierentisch- und Camping-Zeit, der Hula-Hoop- und Elvis-Presley-Zeit. Als schwungvoll-beschwingtes, gleichzeitig aber »praktisch-elegantes« Design großgeschrieben wird, als Nyltest-Hemden und Plastik-Küchengeschirr als Errungenschaften begrüßt werden, als gutes Benehmen – und ähnlich »zeitlose« Werte wie Anstand und Fleiß – als oberste Tugenden gelten (weil man sich ja kurz zuvor doch noch ach so schlecht benommen hatte).

Die fünfziger Jahre, die in den achtziger Jahren unglücklicherweise wieder in Mode kommen, sind nicht nur die Zeit des Wiederaufbaus und des Wirtschaftswunders und des Wohlstands, sondern auch der Wiederbewaffnung und Wiederaufrüstung, des Kalten Krieges und der Angst vor der Atombombe, der ver-

Ein Tänzchen im Schürzchen: Heinz Erhardt 1957 als ›Witwer mit fünf Töchtern‹

drängten Vergangenheit, der Demokratie Adenauerscher Art. In Sachen Erotik, um den Bogen kurz zurückzuschlagen, ist Bein gefragt. Der Busen wird erst später entblößt, in den »wilden« sechziger Jahren.

In den Fünfzigern, so hat man es einmal treffend formuliert, wird die »Trivialität als Qualität« entdeckt und etabliert.

In diese Ära paßt Heinz Erhardt wie die Faust aufs Auge. Es ist die triviale Qualität seiner Kunst, der biedere Blödsinn seiner

Sketche und Gedichte, die Kalauer seiner Conférencen, das Klamaukhafte und Klamottige seiner Komödien, was von den deutschen Zeitgenossen so geschätzt wird. Im Ausland weiß man nicht, wer Heinz Erhardt ist. Man könnte dort auch nichts mit ihm anfangen.

Nur von ungefähr heißt eine zweite wichtige Symbolfigur der fünfziger Jahre so ähnlich, ist ebenso rundlich, eine Respektsperson mit dem Titel »Professor«: Ludwig Erhard, der Vater (sic!) der sozialen Marktwirtschaft und des Wirtschaftswunders, lange Zeit Bundesminister für Wirtschaft, kurze Zeit auch Bundeskanzler nach Konrad Adenauer.

Nicht von ungefähr aber geschieht es häufig, und das hält sich hartnäckig bis in die siebziger Jahre hinein, daß man Heinz Erhardts Namen falsch schreibt: *Ehr*hardt steht dann da, sogar in Presseheften und Produktionsmitteilungen, und vor allem in den Zeitungen und Zeitschriften, die über den Humoristen berichten. Das muß etwas mit seinem Image zu tun haben, das ganz das eines *ehr*enwerten, *ehr*enhaften, *ehr*lichen Mannes ist.

Zwei Dinge kommen in der Komik des Heinz Erhardt nie vor: Zotiges und Politisches.

»Mit Heinz Erhardt konnte man sich schön identifizieren«, erklärt Armgard Seegers in dem zitierten *Zeit*-Text. »Der Dicke mit zu schütterem Haar, der nichts Lächerliches dabei findet, sich der Strandschönheit als attraktiver Partner anzudienen (in *Das kann doch unseren Willi nicht erschüttern*, 1970; Anm. d. A.), der kleine Steuerbeamte, der gegen die Bürokratie aufbegehrt und dabei siegt (in *Was ist denn bloß mit Willi los*, 1970; Anm. d. A.), dazu eine anständige Portion Frauenfeindlichkeit, ›besser eine Stumme im Bett, als eine Taube auf dem Dach‹ – das alles spielte Heinz Erhardt in der Traumrolle von Otto Normalverbraucher. Nonsense-Verse, Wortklaubereien, das Verdrehen von Lebensweisheiten, damit konnte er jonglieren: ›Wer den Schaden hat, spottet jeder Beschreibung‹. Heinz Erhardt ist der liebe Papi-Typ, der sich fingerzeigend doof stellt, um dann, pardautz, sein Publikum am Ende mit einer verblüffenden Platitüde zu überrumpeln.«

Begabte Komiker haben eine begnadete Art, ihren Finger auf (traurige) Träume und (tragische) Traumata gleichermaßen zu legen, in ihnen herumzustochern und sie querdenkend und -handelnd zu verwandeln und zu überwinden. Darin war auch Heinz Erhardt auf seine Art ein Meister, so wie die Deutschen

Meister im Verdrängen so mancher Traumata sind. Seegers dazu: »Beim Anschauen der Erhardt-Filme wird deutlich, daß die Deutschen eigentlich zu jener Zeit (den Fünfzigern; Anm.

Schält Kartoffeln für ›Drei Mann in einem Boot‹: Heinz Erhardt 1961

d. A.) von einem Alptraum in den anderen gewankt sein müssen. Und das ist eben gerade das Komische. Denn lachen kann man nur, wo man selbst betroffen ist, wo man die Diskrepanz zum Perfekten sieht, wo sich ein Widerspruch zwischen Zweck und Mittel auftut.

Heinz Erhardt ist kein Komiker des Mißlingens und Zerstörens. Damals wollte man positiv denken: Alles kann man, wenn man will, auch wenn man nicht zu den Schlauen und Schönen zählt. Katastrophen hatten die Deutschen gerade genug erlebt, jetzt hieß es, Problemchen zu bewältigen, auch mit bescheidensten Mitteln. (...) Heinz Erhardt begegnete aller Unbill des Alltags mit scheinheiliger Unschuld, die, begleitet von linkischen Bewegungen und verklemmtem Kichern, die Konflikte hinwegzufegen schien. Die kleinsten Denkverrenkungen waren es, – ›bei glatten Straßen muß man sechzehn geben – also doppelt acht‹ –, die ihn beim Publikum so beliebt machten. Auf so was hätte doch jeder eigentlich auch selbst kommen können, mit ein bißchen Überlegung. Simple Antworten auf simple Probleme.«

Die Probleme der achtziger Jahre sind nicht mehr so simpel – respektive genausowenig simpel wie die der fünfziger Jahre. Der Fortschritt besteht unter anderem in perfekteren Ausbeutungsmethoden, umfangreicherer und umfassenderer Drogenversorgung, und darin, daß der Weltuntergang auf Knopfdruck elektronisch gespeichert und jederzeit abrufbar ist. Vielleicht sind deshalb in der Ära des Adenauer-Enkels Kohl und des greisen Cowboys Reagan simple Antworten wieder so gefragt. *Gib Gas, ich will Spaß,* heißt eine der Devisen, das »Da Da Da«-Trio erscheint doppelt, und *Zwei Supernasen tanken Super,* während *Drei und eine halbe Portion* angehimmelt werden. Na danke. Im Vergleich dazu schneidet Heinz Erhardt dann doch noch ganz gut ab. Da findet sich zumindest ein wenig Widerstand, ein Anflug von Anarchie, ein Hauch von »Halt – nicht so, und nicht mit mir«. Noch einmal Armgard Seegers: »Vor der Verbissenheit des zupackenden Wirtschaftswunders erscheint der Kontrast des Herumblödelns, die Beschäftigung mit absoluten Banalitäten besonders komisch. Daß man die Tugenden der fünfziger Jahre, die man uns heute (1983; Anm. d. A.) wieder als überlebensnotwendig aufschwatzen will, auch so verstehen kann wie Heinz Erhardt, nämlich auf mitläuferisch lächerliche Art, das macht sein Verhalten aus heutiger Sicht eher reizvoll als spießig. Er ist keiner, der ellenbogenstoßend und eifrig etwas behaup-

Der gute Onkel als Scheich: Heinz Erhardt und Ann Smyrner 1959 in ›Drillinge an Bord‹

tet, er ist eher der grinsende Frager, der Möchte-Gern-Optimist, an dem leider nur mal wieder der Zweifel nagt. ›War ich, wo's Bier zu trinken gab,/stell ich die Frage unterwegs mir:/ Wenn ich beim Bier geschäkert hab,/bin ich dann wohl ein

Schäksbier?‹ Das wohl kaum, aber einer der wenigen deutschen Komiker.«

Komisch – ich erinnere mich noch schwach daran, daß ich Heinz Erhardt früher nicht komisch fand. Er war mir zuwider. Ich haßte ihn. Seine kurzatmigen Klemmi-Sprüche und -Gesten und das gezierte Getue riefen bei mir Ekel hervor. Die Vaterfigur Erhardt erinnerte mich fatal an meinen eigenen Vater, der aber nun gar nichts Komisches an sich hatte, sondern mir – wie Erhardt oft seinen (Film-)Kindern – mit Verhaltens-Maßregeln und Wert-Vorstellungen auf den Geist ging, mit denen ich nichts zu schaffen haben wollte. Ich wollte – mußte – meinen eigenen Weg gehen.

Mein Vater ließ mich dann doch meinen eigenen Weg gehen und unterstützte mich sogar, so wie Erhardt seine (Film-)Kinder dann doch ihren eigenen Weg gehen ließ – auch wenn es gegen seine Überzeugung geschah. Letztendlich unterstützte er sie schon – aber immer im Rahmen, und die Kinder lohnten es ihm, indem sie nicht aus dem Rahmen fielen. Manchmal ertappe ich mich noch heute dabei, daß ich mir *Mühe gebe,* aus dem Rahmen zu fallen.

Mittlerweile weiß ich, daß ich Heinz Erhardt deswegen so abstoßend fand, weil ich in ihm meine eigene Verklemmtheit/Beschränktheit/Zwanghaftigkeit gespiegelt sah. Man muß ihm in seiner Kindheit einiges angetan haben. Bei mir sind gemischte Gefühle geblieben (siehe oben) – und eine starke Affinität zu Kalauern. Trotzdem: W. C. Fields, der keine kleinen Kinder und keine Hunde mochte, steht mir näher. Und mein Idol (was Komiker anbetrifft) ist Stan Laurel.

Zurück zu meinem Namensvetter. Ich heiße Rolf Hubert *Heinz.* Und vorwärts in die Gegenwart.

»Das Jahr 1984 ist geprägt von Heinz-Erhardt-Filmen.« So lautet im März 1985 das lakonische Resümee eines ZDF-Gewaltigen zur hausinternen Liste der »publikumsstärksten (40 vH und mehr) Kinofilme 1984 im ZDF«. Kein Wunder: In der »Top Twelve«-Hitliste nehmen Heinz-Erhardt-Filme die ersten vier Plätze ein; drei weitere Filme finden sich auf den Plätzen sechs, neun und zehn.

An erster Stelle rangiert *Natürlich die Autofahrer* (1959) mit einer Sehbeteiligung von 52 Prozent. Das entspricht 20,7 Millionen Zuschauern. Seit 1979 ist dies das erste Mal, daß eine ZDF-Spielfilm-Ausstrahlung die magische Grenze von 50 Prozent überspringt. Auf Platz zwei liegt *Der Haus-Tyrann* (1958) mit 47 Prozent Sehbeteiligung (17,5 Millionen Zuschauer) – interessanterweise der einzige Erhardt-Film, in dem der Komiker einen (anfangs) äußerst unsympathischen Menschen spielt.

Der letzte Erhardt-Film auf der Liste, *Willi wird das Kind schon schaukeln* (1971), ist auch der letzte Film, den Heinz Erhardt gedreht hat. Er erreicht immerhin noch eine Einschaltquote von 41 Prozent (gleich 16 Millionen Zuschauern). Der Trend geht auch 1985 weiter: Als am 10. März 1985 der 1958 entstandene Erhardt-Film *Immer die Radfahrer* im ZDF ausgestrahlt wird, erzielt er immerhin noch eine Einschaltquote von 31 Prozent – und das, obwohl zur gleichen Zeit in der ARD (Kontrastprogramm!) der James-Bond-Hit *Goldfinger* mit Gert Fröbe als Schurke läuft – mit einer Einschaltquote von 43 Prozent! Also selbst gegen Supermann 007 stinkt Underdog Erhardt nicht ab.

Familienidyll in den Fünfzigern: Heinz Erhardt (erster und zweiter von links), Ehefrau Gilda (rechts) und die Kinder Gero, Marita, Verena und Grit

Zur Information am Rande: Die übrigen Filme auf der ZDF-Zwölfer-Hitliste sind der Heimatfilm *Das Mädchen vom Moorhof* (1958, Regie Gustav Ucicky), die Krimis *Im Stahlnetz des Dr. Mabuse* (1961, Regie Harald Reinl) und *Die unsichtbaren Krallen des Dr. Mabuse* (ebenfalls 1961, ebenfalls Regie Reinl) – die beide nun absolut nichts mehr mit Fritz Langs *Mabuse*-Filmen zu tun haben –, der zweite Teil von *Vom Winde verweht* (1939, Regie Victor Fleming) und der Kriegsfilm *Der längste Tag* (1962, Regie Ken Annakin, Andrew Marton und Bernhard Wicki).

Auch das noch am Rande: Bereits 1969 strahlt das ZDF fünf Heinz-Erhardt-Filme aus. Hier Titel, Herstellungsjahre und Einschaltquoten: *Witwer mit fünf Töchtern* (1957, 59 Prozent); *Vater, Mutter und neun Kinder* (1958, 49 Prozent); *Der letzte Fußgänger* (1960, 46 Prozent); *Natürlich die Autofahrer* (1959, 45 Prozent); und *Drillinge an Bord* (1959, 37 Prozent).

Die Einschaltquoten allein sagen nur bedingt etwas darüber aus, ob den Fernsehzuschauern das, was sie sehen, auch gefällt. Obwohl der Verdacht nahe liegt. 1969 jedenfalls, als noch ein Bewertungssystem benutzt wird, liegen die Zuschauer-Urteile über die Erhardt-Filme bei + 5 und + 6 (eine Bewertung von + 3 gilt schon als gut). Etwas anderes aber machen die Zahlen sehr deutlich: Die Erhardt-(TV-)Hits stammen alle aus den fünfziger Jahren. Und die sind in den achtziger Jahren wieder sehr »in«.

Der Erhardt-Renaissance im ZDF fünf Jahre nach dem Tod des Humoristen geht zwei Jahre zuvor eine Erhardt-Renaissance in bundesdeutschen Kinos voraus. Wie aus heiterem Himmel werden 1982 Erhardt-Komödien in Programmkinos – vor meist jugendlichem Publikum – erneut zu Rennern. Die TV-Ausstrahlungen stoppen den Boom allerdings abrupt.

Anfang 1983 vermeldet das Berliner *tip*-Magazin »Die Wiederkehr von Nachkriegs-Deutschlands liebstem Schelm« und berichtet: »Heinz Erhardt, der 1979 nach langjähriger Krankheit starb, schien weitestgehend dem Vergessen anheim zu fallen, bis sich vor etwa einem Jahr die junge Cineasten-Generation wieder an diese ›Art lächerlicher Vaterfigur‹ (Michael Weinert vom Berliner ›Klick‹) erinnerte und ihn fast über Nacht zum humoristischen Idol in bundesdeutschen Programmkinos erhob. Dieses Phänomen ist von Werner Grassmann vom Hamburger 'Abaton'-Kino nur damit zu erklären, ›daß die jungen Leute

Übelgelaunt und bösartig: Erhardt 1958 als ›Der Haus-Tyrann‹

wieder träumen wollen – wirre, schöne, unverständliche Träume‹. Nur zu verständlich, denn in der zeitweiligen Abwendung von einer beschissenen Realität sucht das Publikum nach anspruchslosen Klamotten, in denen man nach Herzenslust über soviel Beschränktheit und Dummheit lachen kann.«

In einer anderen Stadtzeitung, dem Karlsruher *KIK*-Magazin, schreibt Georg Sprenger im März 1983: »In seinen Filmen tritt Erhardt als Witzfigur an und für sich auf: mal Polizist wie er im Buche steht – also als amtliche Witzgeburt –, als von der Politik und der Gesellschaft verratener und verlassener Witwer oder Familienvater mit idiotischen Moralgrundsätzen, die so unsinnig wie unterdrückend sind und nur dazu da sind, sie zu umgehen. Heinz Erhardt ist der Spießbürgeridiot, der zu lieb und ehrlich offen doof ist, als daß man ihm einen in die Schnauze, die spießbürgerliche, hauen wollte oder gar könnte. Das muß es sein, was den Frustos vor der Bildwand heute so viel Freude macht und dem schon vor Jahren verstorbenen Nervensäger aus Riga (*1909) immer noch (mehr) Fans einbringt.«

Flucht der Frustos in die Fünfziger? Wohl auch.

Wobei sich die Frage stellt: Wollen die Jungen heute denn wirklich so sein wie die jetzt Älteren damals? »Heinz Erhardt ist so, wie die Deutschen in den fünfziger Jahren sich gerne sahen: unschuldig, immer gleich, schüchtern, eben ganz und gar kleiner Mann. Und dabei ist er auch noch ein Schelm«, meint Armgard Seegers 1983 in der *Zeit*. »Seine Filme, die jetzt eine Renaissance in den Alternativ-Kinos erleben, sind Klamotten, in denen zumeist biedere Familienväter den Zumutungen ihrer Umwelt mit säuselndem Tonfall, babyhafter Anbiederung und tolpatschigen Verrenkungen zu begegnen suchen. Das Böse, Aggressive, Teil einer schadenfrohen Komik, ist seine Sache nicht. Damals wollte man in Deutschland wieder lieb sein. Da kam Heinz Erhardt gerade recht. Er konnte auch zeigen, zu welchen Verklemmungen so etwas führt, mit dem typisch schiefen Kopf zwischen den Schultern.«

Nein, so wollen die Jugendlichen von heute sicher nicht sein. Anfang August 1983 befragt Redakteurin Helga Ihlau vom *Kölner Stadt-Anzeiger* jugendliche Kinobesucher. Student Peter K. (23), der sich den Erhardt-Film *Der letzte Fußgänger* aus dem Jahr 1960 ansieht, erklärt dazu, er mache das »wegen der Wende«. Weil doch »alle Welt jetzt auf Rückbesinnung aus ist. Da dacht' ich mir, so ein Film aus den Fünfzigern ist ein ganz guter Einstieg, damit man mal sieht, was die mit den ›Werten‹ eigentlich meinen.«

Das deutet auf ein kritisches Bewußtsein. Der Computerfachmann Manfred K. (24) dagegen erwartet »was für's Herz«. Außerdem findet er es toll, »daß da so olle Musik zu hören ist und daß man mal sehen kann, wie die Leute sich früher angezogen haben und wie toll die alten Autos waren.«

Das deutet nicht auf ein kritisches Bewußtsein. Daher hat der eine oder andere kritische Beobachter auch seine Bedenken. So schreibt Hans Messias am 13. September 1983 in der *Film-Korrespondenz:* »Der jetzigen Zeit überdrüssig, sucht man Zuflucht und Halt in der eigenen Jugend, die zugleich die dieses Staates ist. Die Faszination, die von den Erhardt-Filmen ausgeht, weist über das übliche Maß hinaus. Das ist kein Aufbewahren, kein wehmütiges Sich-Zurückerinnern, sondern eine tiefe Sehnsucht scheint die Beteiligten erfaßt zu haben. Unkritisch und bereitwillig taumelt man in die glorifizierten 50er, sie bieten scheinbar all das, was in den 80er Jahren Mangelware geworden ist: überschaubare Verhältnisse, eine gradlinige Politik, keine Umweltprobleme, eine saubere Familie – kurz, das *kleine Glück,* aus bescheidenem Wohlstand und bürgerlicher Ruhe bestehend, mit der verbürgten Aussicht auf steigende Wachstumsraten. Eine spießbürgerliche Idealwelt, mit normierten Wert- und Moralvorstellungen. Wozu nach den Sternen greifen, d. h. auch die Energie zu einem solchen Griff aufbieten, wenn man sich mit weniger auch bescheiden kann und, wie man sieht, auch glücklicher wird?«

Der Autor findet noch härtere Worte: »Das scheint die uneinge-

Verständnis für die Jugend: Heinz Erhardt (mit Trompete) und Margitta Scherr (tanzend) in ›Natürlich die Autofahrer‹

standene Verlockung dieser Filme zu sein, dürftig durch den Komiker Heinz Erhardt verbrämt. Er macht es möglich, über die eigenen regressiven Sehnsüchte und Wünsche lachen zu können. Ein Alibilachen freilich, das die eigene Abgeklärtheit demonstrieren, Kritikfähigkeit bezeugen soll, denn Lachen schafft Distanz. So kann man das Liebäugeln mit bürgerlichen Normen mit Vehemenz von sich weisen. Man selber ist eben nicht reaktionär, das sind immer nur die anderen.«

Messias' Schlußfolgerungen: »Während sich Teile der deutschen Filmschaffenden sorgenvolle Gedanken über den Fortbestand inländischer Filmkultur machen, für Kinobesitzer anspruchsvolle bundesdeutsche Filme, auch wenn sie im In- und Ausland mit Preisen überhäuft werden, immer noch ein kalkulierbares finanzielles Fiasko darstellen, wird anderen Ortes der deutsche Trivialfilm gefeiert. Die Auferstehung einer Sparte, die nichts zu sagen hat, nichts sagen will; künstlerisches Mittelmaß, für den Export kaum geeignet. Man muß es so deutlich sagen; die Armutszeugnisse von einst scheinen zu Wegweisern für die Zukunft zu werden.«

Ebenfalls im September 1983 mutmaßt der Filmjournalist Kraft Wetzel: »Vielleicht läßt sich der Zustrom des Jungvolks zu diesen Filmen sozialpsychologisch als eine Art versöhnlicher Brückenschlag zu den Vätern interpretieren, die in den späten 60er und den 70er Jahren so heftig bekämpft wurden.« Mag sein. Doch wird eine Generation, die sozialpsychologisch gesehen auf Grund des Versagens der Väter unter Zukunftslosigkeit leidet, an einem solchen Brückenschlag überhaupt interessiert sein?

Da leuchtet schon eher ein, was Heinz Erhardts Witwe zu dem anhaltenden Erfolg ihres Mannes sagt: »Das Publikum möchte von unserer nicht sehr schönen Wirklichkeit abgelenkt werden. Egal, ob die Zuschauer 18 oder 80 sind. Sie verstehen den Humor meines Mannes.« So banal es klingt, so zutreffend ist es. Es läßt sich nur das Eine oder Andere noch hinzufügen. Zum Beispiel die Sache mit der »Zeitlosigkeit«. Zu Heinz Erhardts 75. Geburtstag (den er nicht mehr erlebte), schreibt Rainer Jogschies am 4. März 1984 im *Deutschen Allgemeinen Sonntagsblatt:* »Heinz Erhardt hatte eine saubere Weste. Er suchte nicht die Auseinandersetzung mit dem ›Vergangenen‹, das bis heute nicht vergangen ist. (…) Der Vergleich mit dem französischen Altersgenossen Jaques Tati zeigt in bewegten Bildern, daß

So sahen ihn die Deutschen am liebsten: Erhardt als Polizist Dobermann in ›Natürlich die Autofahrer‹ (1959)

Heinz Erhardt sich nicht nur mit Vergangenem, sondern auch mit Zukünftigem nicht auseinandersetzte – von den Bedingungen der Gegenwart ganz zu schweigen. Das verborgene Chaos, das der gutmütige Monsieur Hulot, schlaksig und stets quer zum Bild, hervorruft, liegt nicht in seiner menschlichen Rolle als

25

Nichtsnutz begründet, sondern wird beständig von der sozialen Hierarchie unter dem Deckmantel der bürgerlichen Wohlanständigkeit heraufbeschworen. Heinz Erhardt indes füllt den Film voll aus, da blieb kein Platz für etwas Hintergründiges.«

Jogschies zieht folgendes Resümee: »Daß Heinz Erhardt mit seinen zukunftslosen Film-Geschichten bei der No-Future-Generation ankommt, ist die Wende seines Werkes – ein Witz der Welt-Geschichte. Das Prinzip heißt nicht Hoffnung, sondern Humor. Leiden ist lächerlich. Deutsch ist, wenn man 'trotzdem' lacht. (...) In diesen Tagen wäre Heinz Erhardt 75 Jahre alt geworden. Sein Witz hat ihn überlebt. Fünf Jahre nach seinem Tod in aller Stille werden im Februar 1984 'neue' Langspielplatten, 'neue' Bücher und seine Filme groß rauskommen. Es ist nicht Nostalgie, sondern Notwendigkeit: die geistig-moralische Erneuerung zum Wiederaufbau nach dem humorlosen Sozialismus. Erhardts Witz ist heute hohe Politik, das Ghostwriting für den großen jungen Mann aus Oggersheim.« Kanzler Kohl.

Je nach ideologischem Standpunkt gehen manche (Kultur-)Kritiker in den radikalen achtziger Jahren gar nicht mehr nett mit Heinz Erhardt um. Im linken Magazin *Konkret* wird Erhardt im Mai 1984 nicht nur als »alte Mischung aus VW-Bulli und Schützenpanzerwagen« bezeichnet, sondern auch mit einigen zwielichtigen Personen verglichen.

Autor Dietrich Leder meint: »Heinz Erhardt (...) sieht so aus, als ob er der alten Politikergarde dieses Landes entspringen würde. Er gleicht Figuren wie Oberländer, Globke, Seebohm, Erhard bis aufs Haar, die – durchweg mit Nazivergangenheit – in den fünfziger Jahren die Politik unter Adenauer bestimmten. Alles quadratische Biergesichter und auslaufende Fettberge, von der ersten Freßwelle die Speckschwarte unterm Gürtel geschwollen. Noch gar nicht durch die Lifting- und Stylingmaschinen der Werbeagenturen gelaufen, die das Aussehen der aktuellen Politikergeneration bestimmen. (...) In einem Land, in dem Heinz Rühmann als Komiker gilt, mußte ein Heinz Erhardt zum Star werden. Folgerichtig auch seine Wiederkehr derzeit. Er ist der Humorist des öffentlich-rechtlich ausgewogenen Humors, der keinem schadet und allen frommt.«

Hätte Heinz Erhardt derlei Kommentare noch lesen können, es hätte ihn wohl nicht angefochten. Er wollte die Menschen bloß zum Lachen bringen. Und war sich seiner Grenzen wohl bewußt, indem er dichtete: »Oh wär' ich/der Kästner Erich!/Auch wäre ich gern/Christian Morgenstern!/Und hätte ich nur einen Satz/vom Ringelnatz!/Doch nichts davon! – Zu aller Not/hab ich auch nichts von Busch und Roth!/Drum bleib ich, wenn es mir auch schwer ward,/nur der Heinz Erhardt …«

Das Gesamtwerk des Mannes, der »nur« der Heinz Erhardt war, ist nicht besonders umfangreich. Er hat dasselbe Material, zum Teil in veränderter und verbesserter Form, immer wieder in allen möglichen Medien verwendet. So finden sich in den Filmen, in denen er auftritt, viele Einfälle, Texte, Manierismen und Mechanismen wieder, die aus seinen Live-Auftritten, Hörfunk-Sendungen und Büchern – oder aus jeweils früheren Filmen – schon bekannt sind.

Ganz richtig stellt Michael Schwarze am 7. Juni 1979 in der *FAZ* in seinem Nachruf auf Heinz Erhardt fest: »Einen Verwandlungskünstler hätte man Erhardt nicht nennen wollen, die Wie-

›*Das kann doch unsren Willi nicht erschüttern*‹ (1970)

derkehr des Immergleichen machte geradezu seine Publikumswirksamkeit aus. Dies war nicht wenig in einer Zeit, die Ideen und Figuren so rapide verschlissen hat.«

Kurz zuvor, zu Heinz Erhardts 70. Geburtstag, schreibt Effi Horn am 20. Februar 1979 im *Münchner Merkur:* »Mit unbefangener Direktheit zielte er in seinen vielzitierten Verschen wie in seinen Schwänken stets aufs Zwerchfell seiner Zuhörer, am liebsten in der Rolle des kleinen Mannes, der unvermutet nach oben kommt oder unter Einsatz eines gewissen Teddybär-Charmes eleganteren Rivalen eine Nase dreht. Wenn er in vermeintlicher Untertänigkeit über die Bühne kobolzte, konnten die Zuschauer dahinter schon den pfiffigen Dreh des heimlichen Siegers ahnen.«

Ebenfalls zu Erhardts 70. Geburtstag tituliert ihn die *Welt* den »Großmeister des Lachens« und fragt: »Doch kennt man ihn wirklich? War er nur der Spaßmacher vom Dienst im Film, auf der Bühne, im Kabarett und beim ›Tingeln‹? Gewiß, seine Verse brauchen als Echo das Lachen. Seine seltsam spröde, stets von einem hintergründigen Kichern umlagerte Stimme, seine linkischen Bewegungen und seine so typisch Erhardtsche Mimik, alles waren Charakteristica und Hilfsmittel, mit denen sich Heinz Erhardt seinem Publikum zu nähern und es zum Lachen zu bringen vermochte. Doch zu vermitteln war da fraglos mehr als nur Klamauk und Tageswitz. Zu vermitteln galt es da die Stimme eines ernsthaften Künstlers, der als Poet ebenso etwas zu sagen hatte wie als Schauspieler und vor allem als Mensch, der andere zum Lachen brachte, auch wenn ihm gar nicht nach Lachen der Sinn stand.«

In der *Tauber Zeitung* (Bad Mergentheim) ist nach einem Erhardt-Abend mit »Klassisch-Erstklassischem« am 30. Juli 1971 zu lesen: »Wer noch nicht gewußt hat, daß der Mensch auch ein Zwerchfell besitzt, ging nach der Vorstellung um eine Erfahrung reicher nach Hause. Kein Wunder, Heinz Erhardt, einer der populärsten Repräsentanten des deutschen Kabaretts, beherrscht sein Geschäft. Da tummelt sich der Witz, schlägt die Pointe Purzelbäume, ulkt ein Kalauer den anderen. Nur nicht vordrängen; alles der Reihe nach: Humor, bleib' schön in der Westentasche, ich muß zuerst eine Klamotte aus der Krawatte schütteln; sonst Gut Nacht Ulk.«

Dreizehn Jahre davor, am 8. Dezember 1958, kann man in der *Frankfurter Neuen Presse* lesen: »Sein äußeres Erscheinungs-

Ein Reisender in Sachen Komik: Erhardt als ›Der letzte Fußgänger‹ (1960)

bild – Erhardt legt gottlob keinen Wert darauf, bedeutend zu wirken – ist das eines netten und voluminösen Durchschnittsbürgers: gemütlich, verträglich und den Berufsschalk nur mit den Schmunzelgrübchen und den hellen Augen verratend. (...) Erhardt besitzt das besondere Empfinden für die Elixiere des höheren Blödsinns. Mit seinem ausgeklügelten System eines gleichgültigen Phlegmas verheddert er sich ständig im Dickicht der Begriffe. (...) Erhardt betreibt dieses hilflose und vergebliche Puzzlespiel mit den Begriffen auf eine so norddeutsch-etepetete Art und Weise, daß auch dieses Verfahren eine besonders komische Note in sich birgt. Bei seinen denkerischen Jongleurakten ist er immer mit der Miene des Nichtsahnenden der Gehemmte und Verlegene, was von vornherein Lachsalven auslösen muß, weil ja jeder mit Schadenfreude auf seinen Absturz vom Drahtseil des verwirrten Gedankenspiels lauert.«

Im Sommer des gleichen Jahres (1958) steht in den Pressemitteilungen zu dem Film *Immer die Radfahrer,* mit der damals noch/ schon üblichen Ungenauigkeit (Erhardts Filmdebüt fand 1949 statt): »Kaum zwei Jahre ist es her, daß ein Schauspieler namens Heinz Erhardt zum ersten Mal vor der Filmkamera erschien und mit seinem Auftreten das große Filmpublikum sofort eroberte. Heinz Erhardt, bis dahin nur von Funk, Kabarett und dem Theater bekannt, schuf mit seinen Rollen im *Müden Theodor* und *Witwer mit fünf Töchtern* eine neue Art des Unterhaltungsfilms, der unter dem Begriff 'Familienfilm' sich einer großen Beliebtheit erfreut. Er spielt darin den gutmütigen, unbeholfenen Familienvater, dem seine Kinder über den Kopf wachsen, der an den kleinen Widrigkeiten des Alltags zu scheitern droht, der sich zum Schluß aber durch seine Pfiffigkeit und seine nachtwandlerisch richtige menschliche Reaktion auf der Höhe der Situation zeigt.«

Der Verfasser des Pressetextes weiter: »Ziemlich spät, erst als reifer Mann, hat Heinz Erhardt den Weg zum Film gefunden, bzw. erkannte der Film die leise, hilflose Komik dieses Künstlers, die nichts Exaltiertes, Lautes hat, sondern ganz in bürgerlicher Biederkeit angesiedelt ist. Lange Jahre hat es gebraucht, bis Erhardt als Kabarettist und Schauspieler seine besondere Note fand und mit seinen heiter-versponnenen Gedichten viel Beifall ernten konnte.«

Soweit ein kurzer Rückblick auf Würdigungen Heinz Erhardts im Wandel der Zeiten und Stile. Er selbst führt zeitlebens eine Art Tagebuch. 18 Bände existieren heute davon. Darin sammelt er unter anderem alles, was über ihn veröffentlicht wird. Und schreibt mit grünem Stift gelegentlich Bemerkungen an den Rand (Grün ist seine Lieblingsfarbe; er zeichnet nicht nur seine Autogrammfotos in grün, sondern betreibt auch seine Schreibmaschine mit einem grünen Farbband). Als er einmal eines seiner Leinwandwerke begutachtete, merkt er danach an: »Hab' den Film gestern gesehen. War 'ne ganz schöne Scheiße.« Erhardt weiß wohl, was er tut, vor allem, wenn er das Material

Sprache bearbeitet. Manchmal braucht er ein ganzes Jahr, bis ein kleiner Vierzeiler »steht«. Immer wieder verändert, feilt, testet, verbessert er. Fragt ihn ein Journalist, wann ihm denn seine Witze einfallen, ist das Gespräch schon so gut wie gelaufen. Erhardt findet nicht, daß er »Witze« macht. Wie die meisten Komiker, so arbeitet auch er hart daran, komisch zu sein.

Dennoch sagt er immer wieder: »Humor ist doch das Schönste, was es auf der Welt gibt.« Seine Philosophie faßt er mit einigen schlichten Worten so zusammen (in einem Interview mit der *BZ* im Juli 1971): »Ich finde, man nimmt das Leben viel zu ernst. Das sehe ich an den jungen Leuten, die sich mit so vielen Problemen herumschlagen. Ich finde, man soll das Leben, solange man lebt, genießen. Mit Humor läßt sich am besten mit allen Dingen fertig werden.«

Glücklich in seinem Beruf: Humorist Heinz Erhardt

Genießen, das kann Heinz Erhardt, das sieht man ihm an. Vorzugsweise genießt er exzellentes Essen. Dafür nimmt er auf Tourneen gerne größere Umwege in Kauf, steht er schon mal etwas früher auf. Sein einziges Laster sind Schnäpse der Marke »Doornkaat«. Denen setzt er sogar mit einem Lied ein Denkmal: »Wenn ich einmal traurig bin, trink' ich einen Korn. Wenn ich dann noch traurig bin, trink' ich noch 'nen Korn. Wenn ich dann noch traurig bin, fang' ich an von vorn.«

Seine Arbeit läßt er durch diese Leidenschaft offenbar nicht in Mitleidenschaft ziehen. Manager Horst Klemmer nennt ihn einen »Artisten der alten Schule«, gewissenhaft und pünktlich. Freunde rühmen seine Bescheidenheit.

Kollege Chris Howland über Heinz Erhardt (am 21. Februar 1979 in der *Welt)*: »Heinz kann nie jemandem wirklich böse sein ... Er will Freude bereiten, aber will damit Ernstes leicht verdaulich machen ... Es ist merkwürdig, Heinz ist ein umwerfender Komiker, und es gab unzählige komische Begebenheiten, aber keine fällt mir ein. Zum Komiker Heinz Erhardt fällt mir nur Ernsthaftes ein. Er ist ein ernsthafter Freund und ein ernsthafter Künstler.«

Kollege Hans Joachim Kulenkampff an gleicher Stelle: »Heinz hat eben nicht nur Humor gemacht, er hat ihn. Es ist ein Humor, der in seiner Mentalität verankert ist ... Heinz ist ein überaus gebildeter Mensch.«

Kollegin Ilse Werner erinnert sich 1979 für die *Hör Zu:* »Es war in Hamburg, kurz nach dem Krieg. Wir wohnten wenige Straßen voneinander entfernt. Eines Tages – ich hatte ihm von dem defekten Wasserhahn in meiner Küche erzählt – kam er an, eine Werkzeugkiste unter dem Arm. ›Ich bring' das in Ordnung!‹ Nichts brachte er in Ordnung. Heinzel hatte zwei linke Hände – aber ein wunderbares Herz: Er hatte, wie ich viel später erfuhr, meinem tropfenden Wasserhahn zuliebe eine wichtige Produktionsbesprechung abgesagt. So war er: hilfsbereit, spontan, zuverlässig. Als Handwerker eine Katastrophe – als Freund und Mensch ein Meister.«

Sohn Gero über seinen Vater (zitiert nach dem *Hamburger Abendblatt* vom 17. Februar 1979): »Für uns Kinder war es das Schönste, während der Sommerferien die Eltern bei der Tournee durch die Badeorte zu begleiten. Da durften wir nicht nur die Programmzettel verteilen. Wenn Vater ein neues Gedicht eingefallen war, durften wir es als erste testen. Vater fiel eigentlich dauernd etwas ein. Abends zum Beispiel während einer Pause in der Bühnengarderobe oder sogar auf dem sogenannten stillen Örtchen. Strahlend erschien er dann mit dem Entwurf. Er kritzelte seine Verse rasch auf Programme, auf Speisekarten oder Belegzettel. Er tat das alles immer ganz spontan.«

Und Heinz Erhardt selbst: »Mein Leben hat mir Spaß gemacht. Die großen Reisen und Tourneen waren anstrengend, aber auch schön. Beruf und Leben waren bei mir immer identisch. Es ist ein Glück, wenn einem solches gelingt.«

In der Tat.

II. Frühentwickelte Spätbegabung: Das Leben und die Karriere

»Am 20. Februar 1909 in Riga geboren, also Wassermann. Von 1919 bis 1924 in Hannover und in der Wennigser Mark am Deister gelebt. Schulbesuch wenig erfolgreich. Von 1924 bis 1926 wieder in Riga. Auch dort in der Schule kein Fortkommen. Ich machte, daß ich fortkam. 1926 bis 1928 Musikstudium in Leipzig und Volontär in einem Musikgeschäft. 1928 bis 1938 Noten- und Klavierverkäufer in Riga in Großpapas Geschäft. Große Pleite. 1938 bis 1998 (!) Humorist, Kabarettist, Schauspieler, Chansonnier, Schriftsteller, Dichter, Komponist und Vater«: So summiert Heinz Erhardt auf lakonisch-lustige Weise oft seinen Lebenslauf.

Dem sind durchaus noch einige wenige Dinge hinzuzufügen. Auch wenn Erhardt zeitlebens mit Angaben über seinen Werdegang und sein Privatleben äußerst sparsam ist.

Er selbst schreibt in einem kurzen Prosatext mit dem Titel »Die Eltern«: »Ich hatte so nach und nach *drei* Väter bekommen. Und ebenso viele Mütter! Diese Vielzahl an Eltern ist darauf zurückzuführen, daß sowohl mein Vater als auch meine Mutter jeweils dreimal den Bund fürs Leben schlossen. (...) Man reichte mich ständig herum, und manchmal reichte es mir!« Und in einem anderen Text, betitelt »Früheste Kindheit«, schreibt er: »Während in jenen Tagen Mütterchen Rußland von Väterchen Zar beherrscht wurde, wuchs *ich* ziemlich unbeherrscht auf; denn meine Eltern waren meine Großeltern. Sie waren so gut zu mir, daß es schon wieder schlecht war!«

Über Heinz Erhardts »ersten« (leiblichen) Vater Gustav Erhardt ist nur bekannt, daß er als Theaterkapellmeister und Operndirigent arbeitete. Der Großvater besitzt in Riga ein Musikgeschäft und eine internationale Konzertagentur, die in Litauen, Estland, Lettland und bis nach Rußland hinein tätig ist. Der kleine Heinz, der offenbar im wesentlichen von seinen Großeltern erzogen wird, und der (außer Deutsch) fließend Russisch und die baltischen Sprachen beherrscht, soll das Geschäft später einmal übernehmen.

So kommt es auch, daß Heinz Erhardt seine Bühnenlaufbahn

Auf dem Weg zum Ruhm

schon als kleiner Knirps beginnt: als Notenumblätterer für viele
Stars der Musikwelt jener Jahre. So wird aus ihm schnell ein
»Wunderkind«, wie er später ironisch anmerkt: »Ich war ein
Wunderkind, denn ich konnte schon mit sechs Jahren und
einem Finger ›Hänschen klein‹ auf dem Klavier spielen. Für-
wahr erstaunlich! Plötzlich fing ich an, ernstlich Musik zu studie-
ren und vier Stunden lang täglich Klavier zu üben. So war es
kein Wunder, daß ich schon bald ›Hänschen klein‹ völlig fehler-
frei mit zwei Fingern spielen konnte!«
Von 1919 bis 1924 geht Heinz Erhardt in Hannover zur Schule,
weil sein Vater zu dieser Zeit dort arbeitet. »Ich bin ein halber
Hannoveraner«, erklärt er der *Hannoverschen Presse,* die am
30. August 1961 berichtet: »In Barsinghausen und im Realgym-
nasium am Georgsplatz ist er zur Schule gegangen, sein Vater

war Kapellmeister am Mellini-Theater, seine Großmutter lebt noch hier – und leibhaftig zur Tür herein tritt Onkel Rudolf, Großmutters Bruder, um mit Heinz eine Tasse Kaffee zu trinken.«

Weiter heißt es: »(Erhardt) erzählt auch von seinen Gastspielen vor der Währungsreform, in der Schwanenburg, in der Conti, im Johann-Strauß-Theater, zu einer Zeit, als die Menschen Briketts ins Theater mitbrachten und statt zu klatschen trampelten, um die Füße warm zu bekommen. Er spricht auch von seinen Gastspielen im Theater am Aegi und hofft, mit seinem nächsten Stück, das ein amerikanischer Autor für ihn geschrieben hat, ›in diesem schönen Haus‹ wieder einmal spielen zu können.«

Ehe Heinz Erhardt allerdings auf den Brettern steht, die auch ihm die Welt bedeuten, fließt noch viel Wasser diverse Flüsse hinunter. Zunächst einmal geht er wieder nach Riga zurück und beendet dort seine Schulausbildung. Auch wenn er wiederholt seine schulischen Leistungen als schwach bezeichnet, macht er 1926 doch das Abitur. Von 1926 bis 1928 studiert er am Konservatorium in Leipzig Musik (Klavier und Komposition bei Professor Reichmüller). Heinz Erhardt möchte Pianist werden.

Erst einmal aber arbeitet er als Volontär in einer Musikalienhandlung, dann bei Großvater im Geschäft. Und das zehn Jahre lang, bis 1938. Allerdings mit kleinen Unterbrechungen; außerdem beschäftigt er sich nebenbei mit anderen Dingen. Denn Heinz hat eigene künstlerische Ambitionen. Zudem passiert da noch die Sache mit dem Fahrstuhl.

»In Riga geboren und aufgewachsen, schien der hochmusikalische Heinz geradezu prädestiniert, das großväterliche Musikgeschäft und die Konzertdirektion, die im alten Rußland besten Ruf genoß, als Erbe zu übernehmen. Aber er haßte das Musikgeschäft mit seinem toten Inventar, dem stumpfsinnigen Bürobetrieb; er wollte aus der Enge der baltischen Bürgerlichkeit heraus, das Leben packen, Konzertpianist werden, selber komponieren! Nebenher schielte er schon nach der leichten Muse, dichtete und komponierte Chansons, die er nach Art von Peter Igelhoff selber am Flügel vortrug. Zu Beginn der dreißiger Jahre fuhr er kurzentschlossen mit viel Hoffnung und wenig Geld nach Berlin, um hier sein Glück als Kabarettist zu versuchen. Um eine Hoffnung ärmer mußte er nach einem Vierteljahr nach Riga zurückkehren.

Es war ihm nicht gelungen, in dieser Stadt der großen Namen und Ansprüche Fuß zu fassen.«

So schildert ein früher Erhardt-Biograph (im Presseheft zu dem Film *Immer die Radfahrer*) den ersten Versuch des angehenden Vortragskünstlers, im Showbusiness Karriere zu machen. Heinz Erhardt aber läßt sich nicht verdrießen: In seiner Heimat tritt er weiter auf. Angekündigt als »Herr Heinz Erhardt«, singt er – man stelle sich vor – Lieder zur Laute.

Heinz Erhardt später über diese Zeit: »Ich hatte viel mit berühmten Künstlern zu tun und lernte fast alle kennen, von Furtwängler bis Paul O'Montis. Mein Großvater pflegte immer zu sagen: ›Junge, ist es nicht herrlich, unter Künstlern zu sein?‹ Darauf sagte ich: ›Nee, Großpapa, ich will selbst einer werden!‹

Der Alleinunterhalter

Und so ging das eine Weile, bis ich dann zu ihm sagte: ›Es ist doch egal, ob man mit Käse oder Musik handelt, man kauft billig ein und verkauft teuer!‹ Daraufhin schmiß er mich hinaus. Dann ging ich von Riga nach Deutschland und … versagte jämmerlich. Also verkaufte ich weiter Musik bei Großvater.«

Anfang der siebziger Jahre erzählt Heinz Erhardt der Journalistin Gudrun Gloth ausführlich aus seinen Anfängertagen: »In Riga gab es zwei große Kaffeehäuser, das Café Schwarz und das Café Reiner. Damals ging der Spruch um: ›Bei Reiner ist der Kaffee schwarz, doch bei Schwarz ist er reiner.‹ Diese beiden Cafés waren die bevorzugten Treffpunkte der Deutsch-Balten. Ich erinnere mich noch sehr lebhaft an meine Auftritte im Café Schwarz. Dort mußte man nämlich eine Treppe hinaufgehen, und oben saßen dann alle. So schüchtern und linkisch, wie ich damals noch war, empfand ich das als eine Art Spießrutenlauf und wurde jedesmal so rot wie eine Tomate. Bis ich eines Tages auf folgende Idee verfiel: Ich bildete mir ein, ich sei ein Schauspieler und das Café Schwarz die Bühne. So beschritt ich die Treppe, als gehöre das zu einer imaginären Rolle. Auf diese Weise gewöhnte ich mir ganz allmählich das lästige Rotwerden ab.

Dabei dachte ich damals noch nicht einmal im Traum daran, eines Tages Schauspieler zu werden. Ei, bewahre – nicht die Tüte! Als Sohn eines Kapellmeisters hatte ich zwar Musik studiert und wollte eigentlich Pianist werden, aber dann fehlte mir wohl doch der nötige Fleiß. (…)

Lettland hieß damals Latvija. Unsere Währung war der Lat. Der Lat hatte einen offiziellen Kurswert von 50 Pfennigen, aber seine Kaufkraft lag weit höher. Mit 100 Lat im Monat konnte man schon ganz anständig leben. Doch soviel verdiente ich vorläufig leider noch nicht, denn mein Großvater hielt mich sehr kurz. Das war gute baltische Art. Sobald ich aber ein paar Lat in der Tasche hatte, ging ich schnurstracks ins Café Schwarz, um wieder einmal von Herzen rot zu werden.«

Auch wenn Heinz Erhardt damals »nicht die Tüte« Ambitionen hat, Schauspieler zu werden, ins Rampenlicht stellt er sich trotzdem gelegentlich, wie er an gleicher Stelle berichtet: »Zu jener Zeit (1934; Anm. d. A.) machte ich übrigens meine ersten Gehversuche als ›Vortragskünstler‹. Ich hatte mir ein kleines Programm erarbeitet, mit dem ich tingelte, das heißt, ich trat bei den verschiedenen Festveranstaltungen der Deutsch-Balten

›Noch'n Lied‹: Per Hörfunk in die Herzen der Deutschen

auf. Da ich aber immer dasselbe Publikum hatte, mußte ich
mein Repertoire ständig erweitern.«
Viel wichtiger zu dieser Zeit aber wird für Erhardt eine Begegnung in einem Aufzug – er trifft seine zukünftige Ehefrau. »Ich
war früher ein ganz harmloser Langweiler mit Hemmungen bis
über die Hutschnur«, charakterisiert sich Erhardt mehr als
35 Jahre nach dem entscheidenden Ereignis. »So verschlug es
mir auch erst einmal die Sprache, als ich – knapp fünfundzwan-

zigjährig – im Frühjahr 1934 einen Fahrstuhl betrat und mich urplötzlich einer jungen Dame gegenübersah, die ein Wagenrad von einem Hut auf dem hübschen Kopf balancierte. Dann aber faßte ich mich und fragte klugerweise: ›Wollen Sie auch nach oben?‹ Woanders konnten wir gar nicht hin, denn wir befanden uns im Erdgeschoß. Die junge Dame meinte es jedoch gnädig mit mir. Sie lachte nicht hohn, sondern sagte schlicht und ergreifend: ›Ja!‹ Worauf ich zuerst den vierten (für mich) und dann den fünften Knopf (für sie) betätigte.

Im vierten Stock dieses Hauses befanden sich die Räume der berühmten Loge ›Schlaraffia‹, deren Mitglied ich werden wollte. Bevor ich dort ausstieg, mußte ich handeln. Die Fahrstühle in Riga fuhren seinerzeit glücklicherweise sehr langsam. So langsam wie im Krankenhaus. Das gab mir die Möglichkeit, ein paar Sätze mit der schönen Unbekannten zu wechseln. (...) Als mich der Fahrstuhl im vierten Stock wieder ausspie, wußte ich wenigstens so viel: Die junge Dame hieß Gilda Zanetti, war als Tochter des italienischen Konsuls in St. Petersburg aufgewachsen und lebte nun mit ihrer inzwischen verwitweten Mutter (einer Deutschen) sowie mit ihren drei Geschwistern im fünften Stock eben dieses Hauses. Ein Rendezvous mit Gilda zu verabreden, war mir dagegen leider nicht gelungen. Sie zierte sich sehr, wie sich das für eine junge Dame jener Jahre und jener Kreise gehörte. Aber es konnte nicht ausbleiben, daß wir uns trotzdem schon recht bald wiedertrafen. Riga war ja eine kleine Stadt und die Zahl der Deutsch-Balten so gering, daß man sich immer wieder begegnete.«

Wie es den Sitten und Gebräuchen der damaligen Zeit und Gesellschaft entspricht, steuern Gilda Zanetti und Heinz Erhardt im Eiltempo den Hafen der Ehe an. Erhardt später: »Daß Gilda für mich die Richtige war, stand bei mir außer Zweifel, seit ich sie nach einem Konzertbesuch (ich erhielt ja durch unser Geschäft immer Freikarten) zum erstenmal ins ›Alhambra‹ geführt hatte. Auch das ›Alhambra‹ war so ein Treffpunkt aller Deutsch-Balten. Hier fand das Nachtleben statt. Hier wurde für damalige Verhältnisse ein ganz toller Hot geboten, und wer konnte, der schwofte. Ich konnte leider nicht.

Bis zum heutigen Tag bin ich ein ganz schlechter Tänzer, denn ich habe niemals auch nur eine Stunde Unterricht in dieser hehren Kunst gehabt. Aber es gehörte früher zum guten Ton, daß man tanzen konnte. Infolgedessen mühte auch ich mich auf allen Bällen redlich ab, womit ich meinen Partnerinnen allerdings keinen Dienst erwies. Das merkte ich zumindest an ihren Gesichtern, die immer länger wurden. Oft erklärten sie mir aber auch ihre Unzufriedenheit mit deutlichen Worten. Die reizende Gilda Zanetti war nun die erste, die überhaupt nicht schimpfte,

Als Frosch in der ›Fledermaus‹: Erhardt 1964 in Köln

wenn ich mehr auf ihren als auf meinen Füßen stand. Das hat mir natürlich sehr gefallen. Ich dachte: Donnerwetter, eine Frau, die mich auch als Tänzer anerkennt – das ist ungeheuer! Durch meine Mitgliedschaft in der ›Schlaraffia‹ wurde ich dann auch bei den Zanettis eingeführt und fühlte mich in dieser Familie bald wie zu Hause.«

Es kommt, wie es kommen muß. »Rund ein Jahr nach unserer ersten Begegnung, am 5. Januar 1935, haben Gilda und ich dann geheiratet. Ich weiß nicht, woher ich damals den Mut zur Familiengründung nahm, denn wir waren nach wie vor alles andere als auf Rosen gebettet. Aber wir trugen unser Schicksal mit Humor. (…) Gilda habe ich es zu verdanken, daß ich es schließlich wagte, unsere Zelte in Riga abzubrechen, nach Berlin überzusiedeln und mich ganz dem Theater zu verschreiben. Von da an ging es langsam aufwärts mit uns. Ich begann schon, Luftschlösser zu bauen, aber Gilda holte mich immer schnell auf den Erdboden zurück. So standen wir einmal am Kurfürstendamm, als ein wunderschönes Auto an uns vorüberfuhr. Ich seufzte: ›Ach, Zippchen, wenn wir so ein Auto hätten, was würde uns dann noch fehlen?‹ Worauf meine Frau nur trocken bemerkte: ›Das Benzin!‹«

Den Erhardts fehlt es in späteren Jahren weder an Benzin noch an Sonstigem. Gilda, die von ihrem Mann stets »Zippchen« genannt wird – nach einem russischen Wort, das sich »Ziplonok« ausspricht und »Küken« bedeutet – und Heinz Erhardt führen eine harmonische Ehe. »Zippchen« bleibt bis zum Tod ihres Ehemannes an seiner Seite; sie haben vier Kinder (einen Sohn und drei Töchter), und als die Vier flügge sind, begleitet Gilda ihren Mann stets auf seinen Tourneen und zu seinen Dreharbeiten.

1938 wird zu einem entscheidenden Jahr für Heinz Erhardt und seine Karriere. Es läßt sich allerdings erst gar nicht gut an. Nicht nur, weil der Zweite Weltkrieg vor der Tür steht. Heinz Erhardts Debüt als Komiker ist zunächst ein Desaster. Er stellt sich bei den Rundfunksendern in Königsberg und Danzig vor – mit selbstgedichteten Liedern, bei denen er sich auch selbst am Klavier begleitet. Zum Beispiel gibt er das »Fräulein Mabel« zum Besten. Eine Kostprobe: »Kennen Sie denn schon das Fräulein Mabel?/Würden Sie sie sehn, würd's Ihnen abel!/ Beine hat sie dünn so wie ein Säbel –/meine süße kleine Freundin, Fräulein Mabel./Kennen Sie denn schon das Fräulein Mabel?/

Ein glückliches Paar: Heinz Erhardt mit Ehefrau Gilda, genannt ›Zippchen‹, an seinem 60. Geburtstag

Ausgeschnitten geht sie bis zum Nabel,/deshalb hab ich auch für sie ein Faible –/für die süße kleine Freundin, Fräulein Mabel.« Man gibt ihm kleine Jobs. Er zieht weiter nach Berlin. Stellt sich bei Willy Schaeffers vor, der das renommierte »Kabarett der Komiker« betreibt. Erhardt dazu: »Dann entdeckte mich Willy Schaeffers – das heißt, ich bin zu ihm hingegangen, sonst hätte er mich bestimmt nicht entdeckt.«

Schließlich bekommt er seine große Chance. Entertainer Peter Igelhoff, der in Breslau auftreten soll, erkrankt. Heinz Erhardt springt ein. Er verulkt den Part – und fällt beim Publikum durch. Der historische Auftritt findet am 25. Mai 1938 statt. Heinz Erhardt erntet »Pfui«- und »Buh«-Rufe. Anfangs. Dann setzt er sich langsam durch. Sein Gastspiel dauert zwei Monate. Danach kommt er beim Breslauer Rundfunksender unter.

An seinen Vater schreibt Sohn Heinz damals: »Lieber Papa! Ich hatte die Wochen in Berlin so viele Aufregungen und war mit dem Geld so knapp, daß ich nicht einmal meiner Familie schrieb. Ich sitze also jetzt in Breslau und verdiene meine 15 Mark täglich in der ›Kaiserkrone‹. Vielleicht warst Du mal drin, als Du hier warst? Das Programm ist ausgezeichnet, die Attraktion aber bin *ich!* Obwohl ich auf den Plakaten und in den Programmen am kleinsten gedruckt bin. Daß ich gefalle, kannst du schon daraus ersehen: Gestern wurde ich zum hiesigen Rundfunk bestellt. Hoffentlich wird mir das weiterhelfen; denn ab 16. sitze ich wieder auf dem Trockenen.«

Stilisiert schildert Erhardt später den Anfang seiner Karriere so: »Allmählich lernte ich den Ernst des Lebens kennen und beschloß mit dreißig Jahren Humorist zu werden. Es ging traurig an. Kein Mensch wollte über mich lachen. Ich begann Chansons à la Igelhoff zu singen. Gegen Igelhoff konnte ich nicht anstinken. Ich stank ab. Darauf beschloß ich, im Frack aufzutreten; auch das half nichts. Meinen ganzen Charme legte ich in den Vortrag – nichts! Da wurde ich gleichgültig und ging mit einem gleichgültigen Gesicht auf die Bühne. Und das schlug ein.«

Das aber, was Heinz Erhardt selbst später als »seine Masche« bezeichnet, findet er erst ein halbes Jahr später – am 26. Dezember 1938 in Mannheim. So zitiert ihn die *Rheinische Post* am 16. September 1950: »Ich kam von Riga nach Mannheim, mit einer Stunde Verspätung. Im Nibelungensaal war ich mit der La-Jana-Schau engagiert. Ich kam an, müde, unrasiert und zu spät. Erkältet war ich auch noch. In Mannheim – rein in den Frack und rauf auf die Bühne. Und wie ich in den Zuschauerraum schaue, sitzen da doch glatt 4000 Menschen. Vor soviel Leuten hatte ich noch nie getingelt. Ich war damals wirklich schüchtern, blöde, wütend und vertrottelt. Aber ›die Masche‹ stand. Wie ich aber am nächsten Tage – rasiert und ausgeruht – wiederholen wollte, ging es nicht mehr. Ich brauchte lange Zeit, um diese Rolle einzustudieren.«

Horst Klemmer, der heute eine Künstler-Agentur in Oldenburg betreibt und in den späten sechziger und frühen siebziger Jahren Erhardts Manager war, fügt in diesem Zusammenhang noch hinzu, daß Heinz Erhardt damals als armer Künstler die Bahnfahrt Riga-Mannheim in der 4. Klasse der Deutschen Reichs-

Vor seinem Haus in Hamburg: Heinz Erhardt mit Töchtern Verena und Grit, Ehefrau Gilda und Enkelin Andrea

bahn zurücklegen muß – 24 Stunden auf Holzbänken! Kein Wunder, daß er da müde und wütend ankommt.

Die Prophezeiung von Heinz Erhardts Mutter – »Du wirst noch Schande über die ganze Familie bringen« –, die sie angesichts der Tatsache äußert, daß der Herr Sohn lieber tingelt als das großväterliche Geschäft zu führen, sollte sich nicht bewahrheiten. Nach seinen Engagements in Breslau (in der »Kaiserkrone« und beim Rundfunk) geht Heinz Erhardt 1939 wieder nach Berlin. Er ist jetzt 30 Jahre alt.

Ein früher Biograph schreibt: »Den endgültigen Durchbruch verdankt Heinz Erhardt, wie so viele Kabarettisten, dem Altmeister der Kleinkunst, Willy Schaeffers. Das Auftreten bei einer Nachwuchsmatinee im ›Kabarett der Komiker‹ mit eigenen Chansons am Flügel war eine Sensation. Unter zehn Gast spielangeboten konnte der junge Mann am nächsten Tag wählen. Von da an gab es für Erhardt bis heute keine engagementlose Zeit mehr. Lange Tourneegastspiele und Engagements am ›Kabarett der Komiker‹ und der Berliner ›Scala‹ machten seinen Namen beim breiten Publikum bekannt. Hier trug er zum ersten Mal eigene, kleine Gedichte vor, und damals wurde der Satz ›Noch'n Gedicht‹ geboren.«

Zur Entstehung dieses seines berühmtesten Spruches zitiert der *Kölner Stadt-Anzeiger* am 5. Oktober 1968 Heinz Erhardt so: »Es war in der Scala in Berlin. Ich sprach ein Gedicht und blieb plötzlich stecken. Um zum nächsten überzuleiten, sagte ich ganz trocken: ›noch'n Gedicht‹. Das war ohne jeden Sinn und ohne Pointe. Aber die Leute lachten. Donnerwetter, dachte ich. Beim nächsten Mal hab' ich es dann bewußt gemacht.«

1941 wird der Brillenträger und Nichtschwimmer Heinz Erhardt eingezogen – zur Marine! Man steckt ihn zunächst in ein Marine-Musikcorps. Erhardt: »Dortselbst schlug ich die große Trommel, immer auf eins und drei, bumm, bumm.«

Folgende Anekdote weiß er aus dieser Zeit zu berichten: »Gelegentlich eines Konzertes spielten wir ein Charakterstück, betitelt ›Auf hoher See‹. Ich hatte 187 Takte Pause, und dann kam von mir ein Bums, der sehr wichtig war, weil der Dirigent damit erfuhr, auf welcher Position er sich befand. Leider kann mein Bums etwas zu spät, daher geriet der Dirigent aus dem Takt und der Klangkörper zum Lachen. Nachdem ich auf diese Weise erfahren hatte, daß man auch mit dem Zuspätkommen Heiterkeit unter Menschen tragen kann, wurde ich Humorist.« Gegen

Heinz Erhardt mit seinem Sohn Gero

Kriegsende vertauscht Erhardt die große Trommel mit dem Klavier und macht sich mit seinem eigenwilligen Repertoire bei der Truppenbetreuung verdient.

Am Ende des Krieges wird Heinz Erhardt in Kiel von den Engländern interniert. Nach seiner Entlassung begibt er sich zu Fuß und per Anhalter zu seiner Familie nach Hamburg, das seine neue Heimat bleibt. Hier lebt er bis zu seinem Tod, baut ein kleines Klinkerhaus, das er später erweitert; für seine Kinder baut er noch ein zweites gleich um die Ecke. Arbeit findet er schnell in Hamburg: Ein Bekannter nimmt ihn im Oktober 1945 mit zum Nordwestdeutschen Rundfunk (NWDR). Hier arbeitet er sich flott zu einem der beliebtesten Funk-Humoristen hoch. Unter anderem mit der wöchentlichen Sendereihe »So was Dummes« legt er die Basis für seine steile Nachkriegs-Karriere.

Die ersten eigenen Werke veröffentlicht Heinz Erhardt im Jahr 1947 in dem Gedichtband »Tierisches und Satierisches«. Später folgen noch weitere Bücher, unter anderem »Noch'n Gedicht« und »Noch'n Buch«. Die meisten dieser Gedichte, Sketche und kurzen Prosatexte faßt der Fackelträger-Verlag 1971 für »Das große Heinz Erhardt Buch« zusammen. Es wird auf Anhieb ein Bestseller.

»Ich bin eben eine frühentwickelte Spätbegabung«, pflegt Heinz Erhardt von sich zu sagen. Darin liegt mehr als nur ein Anflug von Wahrheit – hier findet sich schon eher des Pudels sprichwörtlicher Kern. Denn erst, als er die 30 schon weit überschritten hat, findet Erhardt seine Masche, seinen Stil, seine Identität.

Auch als Komponist – das hat er schließlich studiert – macht sich Heinz Erhardt in dieser Zeit einen Namen – mit einer Oper! Einer Oper à la Erhardt allerdings. Er nennt sie »Die Zehngroschenoper«, weil sie nur ein Drittel so lang ist wie Brechts »Dreigroschenoper«. Sie geht 1949 über die meisten westdeutschen Rundfunksender, wie die *Rheinische Post* am 16. September 1950 berichtet: »Sein Erstlingswerk ›Die Zehngroschenoper‹, ein Mittelding zwischen ernster Musik und satirischem Text, ging inzwischen über alle Sender. Mit 80 Mann Orchester und großen Chören. Er selber nennt seine Musik einen Kompromiß zwischen Verdi, Puccini und Wagner. Über Welle Hamburg und Bremen ging das 30-Minuten-Opus dreimal, über Frankfurt sogar viermal. Nur Radio München schickte die Partitur zurück. Mit dem Kommentar: ›Von Heinz Erhardt erwarten wir keine ernste Musik.‹ Das war Oktober 1948.«

Zu Heinz Erhardts 70. Geburtstag wird die Oper 1979 in einer neubearbeiteten Fassung und mit dem neuen Titel »Noch 'ne Oper« vom Fernsehen ausgestrahlt. Den alten Titel gibt man später immer als »Zehnpfennigoper« an.

Das Jahr 1949, in dem Heinz Erhardts Oper uraufgeführt wird, (geschrieben hat er sie schon Jahre vorher), markiert auch das Debüt des Filmschauspielers Erhardt – das er später allerdings zu verschweigen pflegt. »Der Film entdeckte mich im zarten Alter von 46 Jahren«, lautet seine Standard-Auskunft künftig, mit der er sein Erscheinen in *Drei Tage Mittelarrest* (1955) meint. 1949 aber gibt man Heinz Erhardt schon eine (winzige) Rolle in dem Krimi *Gesucht wird Majora*. Ein Jahr später (1950) ist er in einer ebenfalls sehr kleinen Rolle in *Liebe auf Eis* zu sehen – einem Eishockey-Film, der auch unter dem Titel *Männer um Angelika* läuft.

Doch schon als Heinz Erhardt seinen vierten Film *Die gestohlene Hose* dreht (1956), verleugnet er seine ersten beiden Leinwand-Ausflüge, wie aus einem Bericht des *Remscheider General-Anzeiger* vom 24. März 1956 hervorgeht: »Ich drehe jetzt andauernd Filme. Das ist schon mein erster, ach nein, mein zweiter‹, meinte Filmstar Heinz Erhardt, als ich ihn in den Filmateliers von Göttingen bei Aufnahmearbeiten traf. (...) Nachdem sich der beliebte Rundfunkhumorist in einer kleinen Stadtschreiber-Rolle in *Drei Tage Mittelarrest* dem deutschen Publikum bestens als Filmkomiker empfohlen hat, gab ihm jetzt die Deutsche London-Film Gelegenheit, seine schauspielerischen Fähigkeiten in hellem Licht leuchten zu lassen. In dem Schwank *Die gestohlene Hose,* der zur Zeit unter der Regie von Geza von Cziffra bei der ›Film-Atelier Göttingen‹ angedreht wird, spielt Erhardt die Rolle des leicht vertrottelten Dieners Ferdinand Kofler. ›Eigentlich spiele ich die Titelrolle‹, sagt Heinz Erhardt, als ich ihm bei einer Tasse Kaffee gegenübersitze. ›Zwar nicht die Hose, aber den, der sie klaut. Haha.‹«

Im gleichen Jahr (1956) macht Heinz Erhardt noch bei drei weiteren Filmen mit, 1957 spielt er in zwei Filmen bereits die Titelrollen (*Der müde Theodor* und *Witwer mit fünf Töchtern*). Das geht so weiter bis in die sechziger Jahre hinein, als die deutsche Filmindustrie endgültig in eine schwere Krise gerät. Allerdings nimmt Erhardt nicht jede Rolle an; so lehnt er es zum Beispiel ab, in der *Czardasfürstin* (1951) neben Marika Rökk aufzutreten. »Ich bin ein ganz bestimmter Typ«, erklärt er der *Frankfurter Neuen Presse* im Dezember 1958, »und spiele keine Rollen, die mir nicht liegen.« Mit Marika Rökk tritt er dann doch noch auf, in *Mein Mann, das Wirtschaftswunder* (1960).

So gerne sich Heinz Erhardt vom Film vereinnahmen läßt (insgesamt dreht er 38 Leinwandwerke), so skeptisch steht er – anfangs – dem neuen Medium Fernsehen gegenüber. Er hat Bedenken, als ungebetener Gast in den Wohnzimmern zu erscheinen; er glaubt (zu Recht), daß die Leute dann weniger ins Kino gehen würden; er denkt wohl auch, daß seine Live-Auftritte bei »Bunten Abenden« und in Kabaretts sowie seine Theater-Tourneen dann unter Besucherschwund zu leiden hätten. Aber mit der zunehmenden Popularität der Mattscheibe kann sich auch ein Heinz Erhardt dem Fernsehen nicht mehr versagen.

Ende 1960 gründet er sogar eine eigene Produktionsgesellschaft, die schon bald aktiv wird und mit dem NWDR einen Vertrag über mehrere Fernsehfilme abschließt. Am 13. Mai 1961 meldet der *Kölner Stadt-Anzeiger,* daß die erste Produktion jetzt zu sehen ist: »Nun hat sich Heinz Erhardt also doch zum Fernsehen bekehrt. In der Kriminalgeschichte *Abenteuer in Norfolk* spielt er die Hauptrolle. Und dabei hatte er vor der ›Mattscheibe‹ angeblich so große Angst. ›Wenn die Leute ins Kino gehen, dann wissen sie ja, was ihnen blüht, wenn mein Name auf dem Plakat steht. Auf dem Bildschirm komme ich ihnen ungebeten ins Haus‹, sagte er noch kürzlich. Dafür steigt er jetzt gleich mit drei Filmen eigener Produktion ins Fernsehen ein, der Gute. Das *Norfolk*-Abenteuer ist, wie man hört, gar nicht komisch und ulkig, sondern – hoffentlich – nur spannend.«

»Fernsehfilme hat er inzwischen fünf abgedreht«, berichtet die *Hannoversche Presse* Ende August 1961. Dabei handelt es sich neben *Abenteuer in Norfolk* um die Krimi-Groteske *Der Fachmann* und um die Kurz-Komödien *Ein ruhiges Stündchen, Der Kurpfuscher* und *Willi Winzig macht Karriere.* Letztere entsteht nach dem Schwank »Wem Gott ein Amt gibt«, aus dem später das Erhardt-Theaterstück *Das hat man nun davon* und der Erhardt-Kinofilm *Was ist denn bloß mit Willi los?* werden.

Die Fernsehfilme sind jeweils etwa 30 Minuten lang und – das sollte man ausdrücklich betonen – längst nicht so klamaukhaft wie leider viele der Erhardt-Kinofilme; sie sind auch wesentlich sorgfältiger gestaltet. Hier hat sich wohl der Einfluß der »HEP« (Heinz-Erhardt-Produktion) positiv geltend gemacht. Die Fernsehfilme sind heute auf Video erhältlich (siehe Videografie am Ende dieses Buches).

Aus der »HEP«-Zeit stammt auch noch die Komödie *Eine gewisse Marietta* (1963). Ansonsten tritt Erhardt im Fernsehen vorzugsweise in großen Unterhaltungs-Sendungen auf, von der

Mehr als 500 Vorstellungen: Heinz Erhardt mit Fritz Hellmann in dem Theaterstück ›Das hat man nun davon‹

Musikauktion (1966) bis zum *Baden-Badener Roulette* (1971), gelegentlich auch in Operetten (*Frau Luna, Der Opernball*). Heinz Erhardts große Liebe aber gilt dem Theater. Das hat er immer wieder betont. »Wissen Sie«, schalkt Erhardt im Januar 1970 einem Journalisten der *Frankfurter Rundschau* gegenüber, »ich bin gerne auf der Bühne, dann wissen die Leute erst, wie ich wirklich aussehe. Vom Fernsehen her verwundert es sie – och, der ist ja gar nicht so dick, und der ist ja gar nicht so klein und so weiter.« Aber schon 1961 erzählt Erhardt ernsthaft der *Hannoverschen Presse:* »Jedes Jahr spiele ich einmal Theater; das ist doch das Schönste.«
Frauen haben das gern, Verzeih', daß ich dich liebe, Hurra, ein Junge, Filmstar für einen Tag, Der Vizekönig, Lieber reich, aber glücklich, Das hat man nun davon, Kleopatra II und *Mit den be-*

sten Empfehlungen heißen die Stücke, in denen der Komiker auf der Bühne steht. Mit den erfolgreichsten davon tritt er über 500 Mal auf.

Am 29. Oktober 1969 schreibt Thomas Petz in der Münchner *Abendzeitung* über eine Aufführung von *Das hat man nun davon:* »Heinz Erhardt ist wieder unter uns. Fröhlich jubelt er als kleiner Finanzbeamter seine Kalauer in den Zuschauerraum, jubiliert gleich noch einen hinterher, wenn's gezündet hat – manchmal einen zuviel. Der große, aufgeplusterte Komiker mit der Brille und den Hamsterbäckchen ist der Liebling der sogenannten ›kleinen Leute‹. Er, der Wonnekloß, kennt ihre Probleme. (…) Alles ist beengend aber bezeichnend auf Erhardt-Jedermann zugeschnitten. Drei Wände, drei Türen, eine grobgehauene Pinselwandkulisse. In der Mitte der Schreibtisch. Das Winzig-Podium, das zum Zentrum des Finanzministeriums wird. Der Rest um Erhardt fällt tief ab, bis unter die Grenze des Erträglichen, und liefert allenfalls Stichworte. Auf der Bühne wachsen ein Wald von Witzen und ein Gebüsch von Klamotten. Nur Erhardt fasziniert, wie er gütig alles auf sich vereinigt und mit Pointensicherheit strahlend Gags am Fließband produziert.«

Wie bereits erwähnt: In den fünfziger und sechziger Jahren, aber auch noch Anfang der Siebziger, ist Heinz Erhardt ein stets vielbeschäftigter Mann. Neben seiner Film-, Fernseh- und Theater-Tätigkeit »tingelt« er auch durch die Republik – ob er nun bei den in den Fünfzigern so beliebten »Bunten Abenden« auftritt, Bäder-Tourneen an der Ost- und Nordsee unternimmt (Badegäste seien das dankbarste Publikum, meint er, »sie haben ja sonst nichts«), oder ob er als Alleinunterhalter in den alten Kabaretts auftritt (wie im »Haus Vaterland« in Hamburg) und in Kursälen quer durch die Lande. Er ist, wie es ein Journalist im Juli 1970 im *Hamburger Abendblatt* formuliert, »der Bundesdeutschen liebster Komiker«.

So schreibt der Aachener Lothar Aretz, als Heinz Erhardt in der Kaiser-Karl-Stadt mit seinem Solo-Programm »Klassisches und Erstklassisches« auftritt, am 27. Juli 1971 in den *Aachener Nachrichten:* »Unbeschwerte Unterhaltung versprachen sich die Besucher, die am letzten Sonntag das Neue Kurhaus bis zum letzten Platz füllten. ›Noch'n Gedicht‹ – Heinz Erhardt erfüllte diese Erwartungen völlig, auch wenn er manchmal mit seinen geistreichen Blödeleien allerhand Niveau beim Publikum voraussetzte. Heinz Erhardt machte keine blöden Witze, begnügte sich nicht mit platten Plumpheiten. Bei ihm merkte man, daß zum wirklichen Blödeln eine gehörige Portion, oder, wie er es wahrscheinlich ausdrücken würde, Partie Geist gehört. Er tat niemandem weh, machte aber einigen einiges deutlich, obwohl sein höchstes Prinzip war und ist, die Menschen zum Lachen zu bringen, sie einmal von den Problemen des Alltags zu lösen.«

Lothar Aretz weiter: »Der Mann, der schon durch sein bloßes Auf-die-Bühne-Treten auch am Montag im Saal des ach gar nicht mehr so neuen Kurhauses die Menschen zum Lachen brachte, dichtet seine ›Gedichte‹ zu Hause in Hamburg im Wald. Er sucht nicht krampfhaft nach einer Pointe, sie fällt ihm einfach während seines Werkelns ein. Deshalb zünden sie auch so beim Publikum, überraschen es immer aufs neue. Heinz Er-

›Mit besten Empfehlungen‹: Albert Lichtenfeld, Heinz Erhardt und Rainer Brönneke auf den Brettern, die die Welt bedeuten

hardt nimmt Alltägliches, verdreht es, gibt ihm dadurch einen neuen, absurden Sinn.

Er bringt ›olle Klamotten‹, ›Werke‹, die man von ihm seit Jahren kennt, scheut sich aber auch nicht, aktuelle Themen aufzugreifen. Sein Beitrag am Montag in Aachen zur Umweltverschmutzung war die von ihm dargebrachte ›Kot d'Azur‹, die mit dem sauberen Wasser der eigentlichen Côte d'Azur Südfrankreichs wenig gemein hat. Mehr als ellenlange Referate hochbewanderter Experten wirkten Erhardts Blödeleien. Während die Zuschauer sich noch vor Lachen den Bauch hielten, wurde ihnen vielleicht einiges klar. Heinz Erhardt täte man bitter unrecht, wenn man ihn als reine Juxfigur darstellen wollte.«

Heinz Erhardt – 62 Jahre alt – ist »gut drauf«, wie man heutzutage sagen würde. Die *Hannoversche Neue Presse* meldet am 13. Oktober 1971 einen weiteren Erfolg für den Humoristen: »Bestsellerautor Heinz Erhardt konnte (...) ein besonders hübsches Geschenk entgegennehmen. Aus dem ›Großen Heinz Erhardt Buch‹, das inzwischen die stolze Auflage von 200.000 erreicht hat, ist ein Superding geworden: ›Das größte Heinz Erhardt Buch‹. Das Riesenbuch ist piekfein gedruckt und absolut originalgetreu. Aber es wiegt 4,3 Kilogramm. Heinz Erhardt schlagfertig: ›Nun kann niemand mehr bestreiten, daß ich auch schwere Literatur schreibe.‹ Der Buchriese existiert zweimal. Ein Exemplar trug der Autor stolz nach Hause. Das zweite wird am kommenden Sonnabend in Hannover bei ›Meet the Print‹ verlost – zugunsten der Aktion Sorgenkind.«

Nur zwei Monate später aber schlägt das Schicksal mit böser Ironie zu: Heinz Erhardt, der seine Popularität nutzt, um etwas für behinderte Kinder zu tun, wird selbst zu einem »Sorgenkind«, muß bis zum Ende seines Lebens mit schweren Behinderungen kämpfen.

Am 13. Dezember 1971 verbreitet *Bild* die Schreckensnachricht: »Heinz Erhardt (62), Deutschlands beliebtester Komiker, hat Sonnabend früh einen schweren Schlaganfall erlitten. Seit dem Wochenende kämpfen die Ärzte des Hamburger Krankenhauses Barmbek um sein Leben. (...) Am Samstagmorgen gegen vier Uhr wachte seine Frau Gilda auf, als Erhardt verzweifelt auf die Bettkante schlug. Gilda Erhardt: ›Er konnte nicht mehr sprechen und wollte sich auf diese Weise bemerkbar machen.‹ Sie klingelte den Hausarzt aus dem Bett. Er kam sofort. Befund: Schlaganfall. Heinz Erhardt wurde von einem Feuerwehrauto unter Sauerstoffbeatmung sofort ins Krankenhaus Barmbeck eingeliefert.«

Zwei Tage später, am 15. Dezember 1971, meldet die *Kölnische Rundschau:* »Nach seinem schweren Schlaganfall kämpft Deutschlands beliebtester Komiker, Heinz Erhardt (›Noch'n Gedicht‹) im Hamburger Krankenhaus Barmbek um sein Leben. Nach Auskunft seiner Ehefrau Gilda ist der 62jährige halbseitig gelähmt und kann nicht mehr sprechen. ›Mich erkennt er kaum noch, es ist schrecklich.‹ Er hatte den Schlaganfall in der Nacht zum Sonntag in seiner Hamburger Wohnung erlitten. Erhardt war erst Mitte vergangener Woche aus Berlin von den Dreharbeiten für den Film *Willi wird das Kind schon schaukeln* zurückgekehrt.«

Es wird für Heinz Erhardt in den nächsten Jahren alles andere als einfach, das Kind zu schaukeln. Trotz aufopfernder Pflege seiner Frau wird er nie wieder richtig gehen und richtig sprechen können. Doch das weiß man damals noch nicht. Alle sind allein schon deswegen glücklich, daß er überhaupt überlebt hat. Die Ärzte, die ihn schon aufgegeben hatten, sprechen von einem medizinischen Wunder. Die Genesung aber geht nur langsam voran. Heinz Erhardt nimmt über 25 Kilo ab.

Am 8. Feburar 1972 berichtet der *Kölner Stadt-Anzeiger:* »Nach achtwöchigem Krankenhausaufenthalt ist der Hamburger Schauspieler und Komiker Heinz Erhardt, der einen schweren Schlaganfall erlitten hat, wieder nach Hause entlassen worden. Der Humorist ist nach Auskunft seiner Frau immer noch rechtsseitig gelähmt und kann nur sehr wenige Worte sprechen. (...) Die seit der Erkrankung des Komikers in seinem Haus in Wellingsbüttel eingetroffene Verehrerpost ist auf rund 5000 Briefe angeschwollen. Frau Erhardt appellierte daher an alle Anhänger des Schauspielers, Autogrammwünsche vorerst zurückzustellen. Ihr Mann habe bisher die Antwortbriefe immer eigenhändig unterschrieben und wolle auch jetzt unter keinen Umständen zum Stempel greifen.«

Obwohl es in den nächsten beiden Jahren erst einmal sehr still um Heinz Erhardt wird, nimmt seine Popularität keineswegs ab. Im Gegenteil, wie an seinem 65. Geburtstag am 20. Februar 1974 deutlich wird. Die Presse berichtet weitläufig. Und Erhardts Anhänger, die den Humoristen nicht mehr im Kino, im Fernsehen oder bei Live-Auftritten sehen können, greifen auf andere Medien zurück: Allein in den ersten zwei Jahren nach dem Schlaganfall verkauft sich »Das große Heinz Erhardt Buch« über 500.000 Mal; die Gesamtauflage nähert sich der Millionengrenze. Auch die Doppel-LP *Was bin ich wieder für ein Schelm,* die 1972 veröffentlicht wird, findet reißenden Absatz.

Heinz Erhardts 65. Geburtstag aber ist kein freudiges Ereignis. Wilhelm Unger schreibt dazu am 20. Februar 1974 im *Kölner Stadt-Anzeiger:* »Seitdem der Komiker (›Der Hexenmeister der höheren Blödelei‹) im Dezember 1971 nach einem Schlaganfall die Sprache verlor, lebt er völlig zurückgezogen. Seither verfolgten die Deutschen mit Anteilnahme die kleinen Schritte gesundheitlicher Besserung. Zeitweise kann Heinz Erhardt schon den Rollstuhl verlassen, am Arm seiner Frau Gilda (›Zippchen‹) im Garten spazierengehen und sich mit einigen wenigen Worten verständlich machen. Diese Stummheit bei einem Mann, der durch seine eigene Sprachregelung berühmt geworden war, dessen übersprudelnder Wortwitz entzückte, ist für je-

Bestsellerautor Heinz Erhardt mit Freund Walter Gross

Kein freudiges Ereignis mehr: Heinz Erhardts 65. Geburtstag

den, der diesen Sprachkünstler bewunderte, so unfaßbar, wie seine jetzigen hartnäckigen Bemühungen, wieder sprechen zu lernen, bewundernswert sind.«

Wilhelm Unger weiter: »Zu Köln hatte der (...) Humorist ein fast zärtliches Verhältnis. ›Das ist kein Schmus. Wirklich, Köln ist meine alte Liebe.‹ War er in dieser Stadt, erinnerte er sich jedesmal daran, daß es Köln war, wo er – bei der Währungsreform – seine ersten 40 DM bekam (er trat damals im ›Tazzelwurm‹ an der Zülpicher Straße auf). Ob er (…) im damaligen Kölner ›Kaiserhof‹ auftrat oder als Schauspieler im Volkstheater Millowitsch gastierte, hier fühlte er sich zu Hause, und hier zog er sogar die Muscheln dem Hamburger Hummer vor. Heinz Erhardt wird heute den einsamsten Geburtstag seines Lebens begehen – zu seinem 60. Geburtstag waren Gratulanten von nah und fern zum ›Spaßmacher der Nation‹ geeilt, diesmal lud er alle Freunde aus. So kommen die Glückwünsche diesmal stapelweise per Post. Der größte Wunsch der Absender: Heinz Erhardt möge seinem Publikum ›noch'n Gedicht‹ und ›noch'n Buch‹ schenken können.«

Auch in den nächsten zwei Jahren bleibt es ruhig um Heinz Erhardt. Er kann immerhin gehen, aber nur wenige Worte sprechen und nur sehr mühsam mit der linken Hand schreiben. Die Plakate mit der Aufschrift »Ich bin wieder da«, die die Erhardt-Manager Klemmer und Müller haben drucken lassen, bleiben unbenutzt in der Schublade liegen. Im übrigen aber sind die beiden Manager nicht untätig: Sie bereiten ein neues Buch und eine neue Schallplatte vor. Sie lancieren Presseberichte, daß Heinz Erhardt wieder arbeite, seine Gedichte abtippe, Korrekturen lese, und so weiter. Viel Wahres ist da nicht dran. Dazu geht es Erhardt nach wie vor viel zu schlecht. »Erhardt korrigierte völlig unlogisch, da war nichts von brauchbar«, gibt Horst Klemmer 1985 in einem Gespräch zu.

Dem ständigen Druck, dauernd für ihren hilflosen Mann zur Stelle sein zu müssen, ist dann auch eines Tages Gilda Erhardt nicht mehr gewachsen. Sie bricht zusammen. *Bild* ist mal wieder dabei. Am 17. Juli 1974 verkündet das Boulevardblatt in großen Lettern und mit falscher Namensschreibung: »Jetzt ist Heinz Ehrhardts Frau völlig fertig/Fünf Jahre hat sie ihren Mann gepflegt – ohne Erfolg«. Und zitiert Gilda Erhardt: »Fünf Jahre Tag und Nacht für einen Mann sorgen, der hilflos ist … Fünf Jahre vergeblich mit ihm sprechen lernen, schreiben lernen. Auf ein Wunder hoffen … Fünf Jahre fühlen, wie er leidet, wenn er etwas sagen will und es nicht sagen kann … Und dann eines Tages spüren, wie er aufzugeben beginnt. Jeden Tag ein bißchen mehr. Sich selbst dabei ertappen … Wissen Sie, wenn die Hoffnung weg ist, spürt man auf einmal alle Knochen … Ich bin sehr müde …«

Gilda Erhardt überwindet ihre Krise. Wozu vielleicht beiträgt, daß sich einige erfreuliche Dinge ereignen, daß sich alte Freunde wieder sehen lassen. Ende 1976 erscheint im Verlag Klemmer und Müller in Oldenburg »Das Neueste von Heinz Erhardt«. Das 192 Seiten starke Buch bringt allerdings hauptsächlich alte Gedichte, Sprüche und Sketche, die nicht im »Großen Heinz Erhardt Buch« veröffentlicht worden waren. Zusätzlich zeigen Fotos Heinz Erhardt auf der Bühne, in Filmszenen, im Kreise seiner Familie und mit Freunden. Etwa ein Jahr nach Erscheinen ist die Startauflage von 100.000 Stück bereits verkauft. Peter Frankenfeld, der mit Heinz Erhardt schon 1938 in Berlin auf der Bühne gestanden hatte und später mit ihm in Sketchen und auch im Film auftritt, steuert nicht nur ein Vorwort zu dem Buch bei, sondern besucht seinen alten Freund Erhardt auch

Heinz Erhardt gratuliert seinem Kollegen Peter Frankenfeld zum 25jährigen Bühnenjubiläum

wieder, nachdem sie sich sechs Jahre lang nicht gesehen hatten. Es wird eine für alle bewegende Begegnung.

1977 erscheint eine neue Doppel-LP mit dem Titel *Das große Lachen*. Sie besteht hauptsächlich aus Aufnahmen, die bei einem Auftritt Erhardts am 29. Dezember 1970 in Klagenfurt mitgeschnitten worden sind. Von dem 1972 veröffentlichten Doppelalbum *Was bin ich wieder für ein Schelm* verkaufen sich bis Mitte 1978 über 200.000 Exemplare. Die Schallplattenfirma Teldec und der Verlag Klemmer und Müller überreichen Heinz Erhardt daher am 31. Mai 1978 »Das Goldene Gedicht« – eine kilogrammschwere Tafel mit dem Erhardt-Gedicht vom »Bläh-boy«.

Gleichzeitig wirft Heinz Erhardts 70. Geburtstag schon seine Schatten voraus. Sohn Gero, jetzt 35 Jahre alt und Kamera-mann beim Fernsehen, gräbt die alte Raubritter-Oper seines Vaters wieder aus und bereitet sie mit seinem Schwager Jürgen Haacker neu auf. Sie soll am 21. Februar 1979 vom ZDF ausge-strahlt werden.

Das *Hamburger Abendblatt* berichtet am 2. Dezember 1978: »Das Band der Funksendung (von der Uraufführung im Ham-burger Rundfunk 1949; Anm. d. A.) blieb erhalten, ebenso wie Texte und Klavierauszug, nach dem nun Peter Thomas ein neu-es Arrangement gemacht hat. In Erhardts Heim in Wellingsbüt-tel fand die wohl einmalige Zusammenarbeit eines Vaters mit seinem Sohn statt. Heinz Erhardt, der nach seinem Schlaganfall vor sieben Jahren teilweise gelähmt ist und nicht mehr sprechen kann, wirkte am Drehbuch kräftig mit und brachte es mit viel Willensstärke fertig, mit der linken Hand kräftige Striche zu ma-chen, wenn ihm eine Stelle nicht behagte. ›Das war für ihn die beste Therapie‹, sagt Gero Erhardt.

Man wird in der Fernsehoper auch die vertraute Erhardt-Stim-me wieder hören. Teile vom Funkband werden eingeblendet. Und im herbstlichen Wald von Volksdorf hat der Sohn, ein be-kannter Kameramann, in vielen Stunden Aufnahmen vom Va-ter in den verschiedensten Positionen gedreht. ›Vater kann sich mimisch noch glänzend ausdrücken.‹ Diese Passagen erschei-nen in der Rahmenhandlung.«

In der Rahmenhandlung erscheinen, als Verbeugung vor Heinz Erhardt, unter anderem Heinz Rühmann, Georg Thomalla, Freddy und Chris Howland. Erica Schramm und Rudolf Schock spielen die Hauptrollen der Opernhandlung. (Siehe dazu die

Heinz Erhardt wirbt für die ›Aktion Sorgenkind‹

Discografie am Ende dieses Buches.) Weiterhin mit von der Partie: Heidi Kabel (vom Ohnsorg Theater) und Helga Feddersen als Garderobieren, Ilse Werner als Souffleuse, Hans Joachim Kulenkampff als Theaterdirektor, Paul Kuhn als Kapellmeister und Hanni Vanhaiden als kesser Page.

Für Heinz Erhardt bedeutet die Aufzeichnung seiner Oper die letzte Gelegenheit, noch einmal Showbusiness-Luft zu schnuppern. Obwohl es für ihn eine ziemliche Strapaze sein muß, sieht er einen Nachmittag lang den Dreharbeiten im Studio zu. Stumm – aber mit Tränen der Freude in den Augen.

Zum 70. Geburtstag Heinz Erhardts strahlt das ZDF nicht nur

seine Opernparodie aus (mit dem Titel »Noch 'ne Oper«), sondern auch eine Aufzeichnung des Theaterstücks *Das hat man nun davon,* in dem Erhardt über 500 Mal auf der Bühne gestanden hatte. Zu seinem Geburtstagsempfang werden 50 Freunde erwartet. Für Heinz Erhardt bedeutet das hauptsächlich, »Zähne hoch und den Kopf zusammenbeißen«, wie er zu scherzen pflegte. Denn er ist immer noch ein schwerkranker Mann.

Zu der Verehrung, die Heinz Erhardt von seinen Fans entgegengebracht wird, kommen in dieser Zeit auch Ehrungen durch Politiker hinzu. Die *Süddeutsche Zeitung* meldet am 21. Februar 1979: »Heinz Erhardt, 70jähriger Humorist, erhielt zu seinem Geburtstag am Dienstag Glückwünsche von Politikern aller Schattierungen. SPD-Bundesgeschäftsführer Egon Bahr bescheinigte dem Jubilar, er habe sich über Jahrzehnte mit großem Erfolg für eines der ›wichtigsten und schwierigsten Geschäfte eingesetzt: den Menschen Freude zu machen. Eine Prise Erhardt täte uns Politikern häufig gut.‹«

Weitaus mehr freut sich Heinz Erhardt – falls er das noch kann – wohl über eine Auszeichnung, die ihm Ende Mai 1979 verliehen wird: Er bekommt von Bundespräsident Walter Scheel das Große Verdienstkreuz. Ein hoher Beamter des Bundespräsidialamtes überreicht den Orden in Erhardts Hamburger Wohnung.

Der Kölner *Express* am 31. Mai 1979 dazu: »Die feierliche Zeremonie mußte zu Hause stattfinden, weil der schwerkranke Publikumsliebling nicht reisen darf. ›Er traut sich gar nicht mehr aus dem Haus‹, bedauerte seine Frau. ›Es geht ihm in letzter Zeit sehr schlecht.‹ (…) Innenminister Dr. Gerhard Baum, der Erhardt für das Verdienstkreuz vorgeschlagen hatte: ›Die besonderen Verdienste von Heinz Erhardt sollen durch die Verleihung des Ordens eine gebührende Würdigung erfahren.‹ Gilda Erhardt: ›Damit hatte Heinz gar nicht mehr gerechnet. Er war sehr gerührt.‹«

Nur wenige Tage später, am Dienstag, den 5. Juni 1979, gegen 7.30 Uhr morgens, stirbt Heinz Erhardt an Herzversagen, zu Hause, in seinem Bett.

»Erhardt starb steinreich« weiß *Bild* am 7. Juni 1979 zu berichten, und zählt auf: »Der große Humorist hinterläßt zwei rote Backsteinhäuser mit jeweils fünf Zimmern und 1500 Quadratmeter Grundstück. Schätzpreis zusammen 800.000 Mark. Er verdiente mit seinem Buch ›Das große Heinz Erhardt Buch‹ rund 900.000 Mark, mit ›Das Neueste von Heinz Erhardt‹ noch

mal 300.000 Mark. Und dann seine beiden Langspielplatten ...«
Das auf zwei Millionen Mark geschätzte Erbe teilen sich Ehefrau Gilda (68), Sohn Gero (36), und die Töchter Marita (34), Verena (38) und Grit (42).

Zu den Prominenten, die Gilda Erhardt und der Familie kondolieren, gehört auch Helmut Schmidt. »Sein Humor und seine Menschlichkeit wird uns allen fehlen. Ich trauere mit Ihnen«, heißt es im Beileidstelegramm des Bundeskanzlers.

Am 11. Juni 1979 nehmen die Familie und 500 Trauergäste auf dem Ohlsdorfer Friedhof bei Hamburg, wo die Urne des eingeäscherten Komikers beigesetzt wird, Abschied von Heinz Erhardt. Unter den Trauergästen: Gert Fröbe, Georg Thomalla, Martin Jente, Otto Waalkes, Kultursenator Professor Tarnows-

Ein letzter Besuch: Heinz Erhardt mit Margit Schramm und Rudolf Schock bei den Fernsehaufnahmen seiner Oper (1979)

ki und viele andere Prominente und Freunde. »Ich bin sicher«, sagt Pastor Gerhard Müller aus Wellingsbüttel am Anfang seiner Trauerrede, »daß die Engel im Himmel – wenn sie unter sich sind – sich ein Gedicht von Heinz Erhardt erzählen.«

Hier ist die Biografie von Heinz Erhardt zu Ende – und doch auch nicht.

Für seine Fans lebt er weiter in seinen Büchern, seinen Platten und seinen Filmen. 1983 laufen etliche Heinz-Erhardt-Filme mit großem Erfolg wieder in den Kinos – meist vor jugendlichem Publikum. 1984 erreichen Heinz-Erhardt-Filme im Fernsehen unglaublich hohe Einschaltquoten. Die Ende 1983 veröffentlichte 4-LP-Box *Noch'n Gedicht* und das Anfang 1984 veröffentlichte Doppelalbum *Humor ist Trumpf* verkaufen sich bestens: *Noch'n Gedicht* wird bereits im August 1984 »vergoldet«, nachdem die LP-Kassette eine Verkaufsauflage von mehr als 250 000 Stück erreicht hat. »Der Trend ist krisenfest«, verkündet die Plattenfirma Teldec.

Die Anfang 1984 veröffentlichte Taschenbuchausgabe des »Großen Heinz Erhardt Buchs« erreicht innerhalb eines Jahres eine Auflage von über 200.000 Exemplaren. Im Herbst 1985 werden weitere sechs Heinz-Erhardt-Kinofilme erstmals auf Video angeboten.

Kein Zweifel: Für Heinz Erhardt bleibt im Bewußtsein der Bundesdeutschen ein fester Platz reserviert.

III. Kalauer und Klamauk, Komik und Kunst: Die Filme

1. Anfänge allenthalben: 1949/50

Heinz Erhardt ist stolze 40 Jahre alt, oder, wie er später zu sagen pflegt, »im zarten Alter« von 40 Jahren, als ihn der deutsche Film »entdeckt«. Man schreibt das Jahr 1949. Die Bundesrepublik wird gerade aus der Taufe gehoben.

Am 23. Mai 1949 tritt das Grundgesetz in Kraft – die neue Verfassung, in deren Präambel die Wiedervereinigung des geteilten Deutschlands festgeschrieben ist. Am 14. August 1949 finden Wahlen statt, aus denen Konrad Adenauer als erster Bundeskanzler hervorgeht. Er bildet eine »Kleine Koalition« aus CDU/CSU, FDP und DP. Theodor Heuss wird der erste Bundespräsident.

Adenauer prägt in den kommenden Jahren einen Regierungsstil, der unter dem Begriff »Kanzlerdemokratie« in die deutsche Nachkriegsgeschichte eingeht. Während das Grundgesetz dem Kanzler die Kompetenz gibt, die Richtlinien der Politik zu bestimmen, sieht es de facto eher so aus, daß Adenauer die Politik *macht*. Man spricht daher von den fünfziger Jahren (und den frühen Sechzigern) auch als von der »Ära Adenauer«.

Der zweitwichtigste Politiker im jungen Staate wird Professor Ludwig Erhard, als langjähriger Bundeswirtschaftsminister (und späterer Nachfolger Adenauers) Verfechter der »sozialen Marktwirtschaft«. Darunter versteht man die freie Selbstregulierung des Marktes bei gleichzeitiger staatlicher Steuerung. Anders gesagt: Der Staat fördert die Unternehmerwirtschaft, schafft aber gleichzeitig sozialpolitische Einrichtungen. Man nennt das auch »Wohlfahrtsstaat«.

So nimmt das, was später »Wirtschaftswunder« heißt, seinen Lauf. Die Bundesrepublik wird zu einer der führenden Industrienationen der Welt. Die Früchte dieses Wunders ernten wir heute. 1985 rangiert Deutschland (West) mit einem jährlichen Durchschnittseinkommen seiner Bürger von 35.000 DM an Platz elf der Nationen der Welt. Auf den ersten drei Plätzen finden sich die Einwohner der Arabischen Emirate, die Kuweitis und die Schweizer, während die Äthiopier mit einem jährlichen Einkommen von 370 DM die Ärmsten der Welt sind.

Doch Wohlstand und Wohlfahrt haben in der Bundesrepublik auch schwerwiegende Schattenseiten: Mit fast 2,2 Millionen Arbeitslosen (wobei inoffizielle Schätzungen höher liegen) ist im Juni 1985 die höchste Quote seit dem Juni 1948 erreicht. Auf mehr als vier Millionen Alkoholsüchtige schätzt man die Zahl der Abhängigen von dieser (legalen) Droge. An den Folgen der Alkoholsucht sterben in der Bundesrepublik der achtziger Jahre jährlich 17.000 Menschen. Daneben machen sich ein paar hundert Rauschgifttote im Jahr, so makaber es klingt, nur geringfügig bemerkbar. Die Umweltverschmutzung nimmt unerträgliche Ausmaße an, die Wälder sterben, der Terrorismus ist zu einer weltweiten Plage geworden, und so manchem scheint der Dritte (und möglicherweise letzte) Weltkrieg nicht mehr weit …

In den fünfziger Jahren ist von alledem noch nicht viel zu spüren. Doch selbst damals schon lassen die Zeichen der Zeit nichts Gutes ahnen.

Im Januar 1950 gibt US-Präsident Truman grünes Licht für den Bau der »H-Bombe« (Wasserstoff-Bombe), nachdem der britische Physiker Dr. Klaus Fuchs, der in den Atomlabors von Los Alamos arbeitet, vier Tage zuvor gestanden hat, seit 1942 Atomgeheimnisse an die Russen verraten zu haben. Die »H-Bombe« zeichnet sich gegenüber der »A-Bombe« (Atom-Bombe) durch erheblich größere Zerstörungskraft aus. 30 Jahre später bauen die Amerikaner die sogenannte Neutronen-Bombe, die den Vorteil hat, Menschenleben zu vernichten, Sachwerte (Gebäude, Kriegsgerät etc.) aber unbeschädigt zu lassen. Im Oktober 1950 wird in der Bundesrepublik übrigens das »Amt Blank« als Vorstufe des künftigen Verteidigungsministeriums eingerichtet.

Im Februar 1950 beginnt US-Senator Joseph R.McCarthy seine Kommunistenhatz, unter der auch die amerikanische Filmindustrie in Hollywood zu leiden hat: Wer als vermeintlicher Kommunisten-Sympathisant auf die berüchtigte »Schwarze Liste« kommt, hat noch die nächsten 20 Jahre darunter zu leiden. Im Juni 1950 marschieren kommunistische Truppen in Korea ein, im Juli landet die 24. US-Infanterie-Division. Der erste Krieg nach dem Zweiten Weltkrieg ist im vollen Gange. Zahlreiche weitere werden folgen.

Aller Anfang ist schwer

Zurück zu den komischeren Seiten des Lebens. Heinz Erhardt, der sich unmittelbar nach Kriegsende einen Namen als Rundfunk-Humorist gemacht hat, erscheint 1949 zum ersten Mal vor einer Filmkamera. Allerdings nur zu einem Kurzauftritt. In dem Kriminalfilm *Gesucht wird Majora,* »der in schleppender Handlung den Konkurrenzkampf um die Herstellung einer künstlichen Baumwollfaser zum Thema hat«, wie der *Katholische*

Filmdienst schreibt, singt Heinz Erhardt zusammen mit Camilla Horn ein Lied.

Ein Zeitgenosse erinnert sich damals (für das Presseheft zum Film) an die Dreharbeiten: »Das spiegelnde Interieur (einer Film-Bar namens »Vineta«, Anm. d. A.), das bestens angezogene Publikum und manch zärtliches Stücklein des Orchesters wirken zwar mondän, aber harmlos. Und auch die entzückende Tanzeinlage nimmt voll und ganz für sich ein. Auf dem vornehm-schwarzen Konzertflügel öffnet sich plötzlich eine geheimnisvoll schimmernde Muschel, Luftballons quellen aus ihr hervor wie riesige Perlen der Südsee, und dann entsteigt eine Fee – Maja Tamara – der gigantischen Perlmuttschale und tanzt ... Ihr folgen Camilla Horn und Heinz Erhardt mit einem schmissigen Foxtrottlied des allbekannten Werner Bochmann, der auch diesen Film musikalisch betreut: ›Stündlich, aber unverbindlich ...‹ heißt es da, und Kurt Feltz war es, der sich den pikanten Text hatte einfallen lassen ...«

Die Presse ist von dem Film (Regie: Hermann Pfeiffer, der zuvor das Lustspiel *Kornblumenblau*, 1939, und den Dorfschwank *Für die Katz*, 1940, gefilmt hatte), nicht sonderlich angetan. Der *Spiegel* schreibt am 8. September 1950: »(...) Majora ist der Patentname für ein Verfahren zur Herstellung einer künstlichen Baumwollfaser. Daraus drehte Autor Theo Rausch den manchmal etwas dünn geratenen roten Faden des Drehbuchs für den Euphono-Film *Gesucht wird Majora*. Er hängte daran die Utensilien einer artig verbrämten Kriminalstory, mit Jagdhütte und Barmilieu, genießerischer Prügelei, Jagd per Schnellboot, nettem Werner-Bochmann-Schlager: ›Stündlich, aber verbindlich‹, und einer zuträglichen Portion happy end. Regisseur Hermann Pfeiffer, an Großaufnahmen sparend, filmte daraus ein Mosaik spannender Szenen.«

Der *Spiegel* zur Premiere: »Im frisch renovierten ›Europa-Palast‹, mit 1800 Plätzen eines der größten deutschen Kinos, ging die Premiere vonstatten. Im Vorgefühl kommenden Glanzes als ›Filmstadt des Westens‹ ließ Düsseldorf vom Marx-Haus blaugoldene Fahnen über den Start des ersten in Düsseldorf gedrehten Nachkriegsfilms wehen. Lotte Koch machte im schweren Taftabendkleid die Honneurs. Das Publikum bemühte sich sehr, Majora zu suchen. Das Dickicht der Wirrnisse im Drehbuch machte es ihm schwer.«

Fast gleichzeitig mit *Gesucht wird Majora* kommt 1950 ein zweiter Film in die Kinos, in dem Heinz Erhardt auch nur eine kleine Rolle hat. Als »Fabrikant Meyer« sorgt er in *Liebe auf Eis,* der später auch mit dem Titel *Männer um Angelika* läuft, für komische Einlagen. Der Theater- und Filmschauspieler Kurt Meisel, der zuvor schon die beiden Filme *Tragödie einer Leidenschaft* (1949) und *Verspieltes Leben* (1949) inszeniert hat, führt bei dieser Liebes- und Eishockey-Geschichte Regie und spielt die

›Noch'n Gedicht‹: Jetzt auch im Film

69

männliche Hauptrolle. Seine Partnerin ist Margot Hielscher. Meisels bekanntester Film wird 1957 *Vater sein dagegen sehr* mit Marianne Koch und Heinz Rühmann.

In kleinen Rollen neben Heinz Erhardt, der im Presseheft zu *Liebe auf Eis* hartnäckig »Ehrhardt« geschrieben wird, treten zwei andere Komiker auf, die durch den gesamten deutschen Nachkriegsfilm geistern und auch noch mehrfach mit Heinz Erhardt zu sehen sein werden: Hubert von Meyerinck und Dr. Gunther Philipp. Das Drehbuch zu *Liebe auf Eis* schreiben Johannes Kai, T.A. Schelkopf und Helmuth M. Backhaus. Von letzterem wird später noch die Rede sein.

Die Presse ist etwas geteilter Meinung über das Werk. Der *Evangelische Filmbeobachter* kündigt den Film so an: »Liebe, Ski und Eishockey – das Zugspitzplateau, das Garmischer Olympiastadion und die Bar im Schneefernerhaus: Das sind die

Später als Debüt ausgegeben: Heinz Erhardt (mit Ernst Waldow) in ›Drei Tage Mittelarrest‹

Aus der Feder von Helmuth M. Backhaus: ›Die Post geht ab‹ (1962) mit Erhardt, Wendland und Albach-Retty (von rechts)

Themen und Handlungsschauplätze eines Films, in dem es um Liebe und Sport, um junge Menschen, Eifersüchtelei und Begeisterung geht. Und die Sportkanonen der Eishockeymannschaft von SC Riessersee und EV Füssen spielen auch mit!« In der Kritik Nr. 262 kommt man dann zu dem Schluß: »Erwachsene werden ihre Freude an den vorzüglichen Wintersportbildern haben. Jugendlichen ist der Film nicht zu empfehlen.«

Am 16. September 1950 schreibt ein Kritiker namens Dinger im *Kölner Stadt-Anzeiger:* »Die Produktion dieses Films sollte ein Versuch sein, mit den landläufigen Finanzierungsschwierigkeiten auf die originelle Weise einer Art Selbsthilfeaktion der Mitwirkenden fertigzuwerden. Sie haben auf allerlei DM-Ansprü-

Es schmeckte ihm schon damals: Heinz Erhardt mit Susanne Cramer

che verzichtet und sich sozusagen eine Teilhaberschaft an dem Film gesichert. Um so erstaunlicher mutet es an, daß gleich drei Autoren für das Drehbuch verpflichtet wurden. Bei einer so ausgesprochen simplen Handlung hätte auch ein einziger genügt. Vielleicht wären diesem dann sogar Pointen eingefallen, die man trotz der geistigen Anstrengung dreier Väter leider vermißt.«

Journalist Dinger weiter: »Es ist eine Wintersportgeschichte mit großartigen Ausschnitten aus Meisterschaftsspielen im Eishokkey, mit ausführlichen fotografischen Liebkosungen des Schnees und der weißen Berge, mit imponierenden Schußfahrten, mit gerissenen Christianias dicht vor der Kamera und ähnlichen Milieudokumenten. Reizende kabarettistische Einlagen von Heinz Erhardt und Hubert von Meyerinck bringen Buntheit in die weiße Landschaft und verhindern glücklicherweise ein forschendes Nachdenken des Publikums über die komplizierten Familienverhältnisse von Frau Angelika, die ihr sechsjähriges Söhnchen dem Herrn Papa verschwiegen vorenthalten hat, bis er es dadurch verdient, die Wahrheit zu erfahren, daß er die Scheibe zum Entscheidungstor im Deutschen Meisterschaftsspiel in den gegnerischen Kasten landet.«

Etwas milder geht *Die neue Zeitung* am 3. Oktober 1950 mit *Liebe auf Eis* um: »Es geht auch so: nämlich ohne billigen Blödsinn, ohne plumpe Anzüglichkeiten, ohne Zugeständnisse an spießige Sentiments. Kurt Meisel hat eine harmlose kleine Wintersportepisode mit Schwung und optischer Phantasie inszeniert. (…) Margot Hielscher – mit schmollendem Mündchen – wird als ein zeitgemäßer Typ fraulicher Selbständigkeit vorgestellt. Bisweilen gelingt es ihr, das den Zuschauern glaubhaft zu machen. Um sie viel komische Männlichkeit, manchmal ein wenig kraftprotzig: Meisel als Eishockeyspieler an erster Stelle, dann als witzig kontrastierende Figuren Rudolf Schündler, Hubert von Meyerinck, Kurt Waitzmann, Heinz Erhardt. Charlotte Witthauer und Hannelore Bollmann haben die weiblichen Rollen der erotischen Komik. Der lebhafte Schlußapplaus war verdient. Dieser sicherlich mit den bescheidensten Mitteln gedrehte Film ist zwar noch kein Glanzstück – aber ein Lichtblick.«

Heinz Erhardt zieht es trotzdem vor, diesen »Lichtblick«, ebenso wie *Gesucht wird Majora,* später zu verschweigen. Er pflegt 1955 als das Jahr seines Filmdebüts anzugeben. 1956 bereits ist er gleich in vier Filmen hintereinander zu sehen.

2. Kurz und kauzig: 1955/56

Unmittelbar nach seinen Kurzausflügen auf die Leinwand bleibt Heinz Erhardt dem Film erst einmal wieder fern und widmet sich seinen Rundfunk- und Live-Auftritten. Es gehen fünf Jahre ins Land, ehe er wieder vor eine Filmkamera tritt.

Fünf ereignisreiche Jahre. Dem deutschen Film und den deutschen Kinos geht es in dieser Zeit relativ gut. Allerdings ist Wolfgang Staudtes Film *Der Untertan* (1951) eine der wenigen Ausnahmen, die sich kritisch mit der unmittelbaren deutschen Vergangenheit auseinandersetzen. In dieser Zeit des Wiederaufbaus wird man an den braunen »Schandfleck« nur ungern erinnert. Nationalbewußtsein hat im Kino in der Form von Heimatfilmen Konjunktur: *Grün ist die Heide* von Hans Deppe (mit Sonja Ziemann und Rudolf Prack) wird 1951 zu einem der Hits der Saison. Weitere Kassenschlager dieses Jahres: die Tennessee-Williams-Verfilmung *Endstation Sehnsucht* und die Komödie *Das Haus in Montevideo* von Kurt Goetz.

In der Bundesrepublik sind insgesamt 4500 Kinos in Betrieb; damit liegt Deutschland an neunter Stelle in der Welt und ist für ausländische Produktionen einer der interessantesten Märkte. Aber eine starke Konkurrenz sitzt schon in den Startlöchern: 1951 kann man in den USA zum ersten Mal schon in Farbe fernsehen. Im gleichen Jahr wird übrigens der Kriegszustand mit den Alliierten formell beendet (mit der UdSSR erst 1955).

1952 beginnt der NWDR mit der Ausstrahlung des ersten deutschen (Nachkriegs-)Fernsehens; Frankreichs Sex-Sternchen Brigitte Bardot heiratet Regisseur Roger Vadim; im Kino tragen *Don Camillo und Peppone* die ideologische Auseinandersetzung zwischen Katholizismus und Kommunismus auf heiterhandfeste Art aus.

In der Realität bringt der August 1952 einen traurigen Rekord: 16000 Einwohner der Deutschen Demokratischen Republik, damals auch noch SBZ (Sowjetisch besetzte Zone) genannt, fliehen in den Westen. Als Führer der freien Welt testen die USA im November des gleichen Jahres auf einem Atoll im Pazifik zum ersten Mal eine H-Bombe. Die UdSSR führt neun Monate später ihren ersten Test durch.

Derweil treten, allen Modeerscheinungen zum Trotz, die Blue Jeans ihren Siegeszug quer durch die Welt an. Am 24. Juni 1952 erscheint zum ersten Mal Axel Springers marktschreierische Boulevardzeitung *Bild,* ein wahres Groschenblatt. Es kostet nur zehn Pfennig.

Das Jahr 1953 sieht den Tod von Josef Stalin, die Thronbesteigung von Elizabeth II., und den Aufstand in der DDR am 17. Juni; Kinsey schockt die Welt mit seinem Report über das Sexualverhalten der Frau, und ein gewisser Elvis Presley nimmt seine erste Schallplatte auf; der Karnevalshit dieser Saison heißt »Heute blau und morgen blau und übermorgen wieder«. In den Kinos liebt das Publikum *Königliche Hoheit* mit Ruth Leuwerik, *Verdammt in alle Ewigkeit* mit Burt Lancaster und die Disney-Produktion *Die Wüste lebt.*

Begeisterte man sich im Vorjahr für den Kabinenroller des Ingenieurs Messerschmitt (der einige Jahre davor mit der ME 262 den ersten Düsenjäger der Welt konstruiert hatte, der für Görings Luftwaffe nur ein wenig zu spät kam), so freute man sich 1954 über die BMW-Isetta. Falls man sich noch kein »richtiges« Auto leisten konnte, um damit den erträumten Italien-Urlaub anzutreten, tat's halt auch eine Flugzeugkanzel auf Rädern oder ein anderes Kleingefährt wie die Isetta.

Besonders begeistert sind die Deutschen 1954 von den »Helden von Bern«: Mit einem 3:2 gegen Ungarn wird die bundesdeutsche Mannschaft Fußball-Weltmeister. In den Kinos leidet man mit Humphrey Bogart in *Die Caine war ihr Schicksal* und mit Marlon Brando in *Die Faust im Nacken.* Der Ex-Country- und Western-Sänger Bill Haley nimmt »Rock Around the Clock« auf und verkauft davon 15 Millionen Exemplare; beim Kölner Karneval singt man »Der schönste Platz ist immer an der Theke«.

Das Zeitalter der Kernkraft und der Elektronik kündigt sich deutlich an: Die Amerikaner nehmen 1954 das erste atomgetriebene U-Boot in Betrieb (die »Nautilus«), die Russen das erste Atomkraftwerk (in der Nähe von Moskau). In London führen Computer bereits Büroabrechnungen durch. Lange vor den kommenden Haschisch-, LSD-, Heroin- und Kokain-Wellen schildert Aldous Huxley in seinem Buch »Die Pforten der Wahrnehmung« Erlebnisse im Meskalin-Rausch.

Einer Umfrage zufolge sind 1955 immerhin 60 Prozent der Bundesbürger zufrieden mit der gängigen Möbelproduktion »in Hochglanzpolitur«; 30 Prozent bevorzugen einen »einfachen Werkstätten-Stil«, während 10 Prozent »wirklich ganz moderne Räume« wollen. Ganz modern in Styling und Technik ist auch die Sensation des Pariser Autosalons 1955, der Citroën DS 19.

Nachdem man sich nach den entbehrungsreichen Kriegsjahren jetzt den Wunsch nach einer eigenen Wohnung oder einem eigenen Heim oder sogar einem eigenen Auto erfüllt hat (oder noch daran arbeitet), findet man auch wieder Zeit für die Kunst. Nur – zu modern darf sie nicht sein. Laut einer Umfrage bejahen nur sechs Prozent der Bundesdeutschen eine Malerei im Picasso-Stil; 30 Prozent lehnen sie ab; 51 Prozent sind an dieser Frage freilich gänzlich uninteressiert. Dennoch findet 1955 die erste *documenta*-Kunstausstellung in Kassel statt. Sie steht unter dem Motto: »Über alle Grenzen hinaus Klärung für die Gegenwart und Hoffnung für die Zukunft«.

Die Gegenwart sieht – stichwortartig – so aus: In der Bundesrepublik leben 1,2 Millionen Kriegerwitwen und 1,5 Millionen Kriegsbeschädigte; bei der Berliner Polizei (und später auch bei der westdeutschen) wird der elastische Schlagstock (»Gummiknüppel«) eingeführt, weil die zuvor benutzten hölzernen Schlagstöcke beim Einsatz häufig zerbrachen. Sorayas Staatsbesuch in Bonn erfährt fast noch mehr Aufmerksamkeit als Adenauers Staatsbesuch in Moskau, bei dem er die Freilassung der letzten 10000 Kriegsgefangenen erwirkt.

Im Kino lacht man 1955 über Alec Guiness in *Ladykillers,* zittert in dem französischen Krimi *Rififi* und erlebt mit Marylin Monroe *Das verflixte 7. Jahr.* Zwei weitere Premieren: Die Deutsche Lufthansa nimmt ihren Flugverkehr auf, und die Bundeswehr wird gegründet.

Heinz Erhardt tritt 1955 in der Militärklamotte *Drei Tage Mittelarrest* auf – allerdings nicht in Uniform. Das hätte bei seiner Figur leicht nach Wehrkraftzersetzung ausgesehen. Solches hatte der von dem Routinier Georg Jacoby inszenierte Schwank, der 1930 schon einmal mit Felix Bressart verfilmt worden war, wohl nicht im Sinn. Ein zeitgenössischer Tageszeitungs-Journalist mutmaßt sogar, der Film habe »im Public-Relation-Programm der Remilitarisierung« einen Zweck zu erfüllen.

Der *Münchner Merkur* berichtet am 17. September 1955 dazu: »(...) Regisseur Georg Jacoby muß wohl selber kein gutes Gewissen gehabt haben, als er diesen primitiven Kasernenhofschwank herunterdrehte. Er verlautbarte dazu, daß er weder einen wehrfreudigen noch wehrzersetzenden Film machen wolle (was ihm gelungen ist), sondern daß nur der köstliche Humor ihn verführt habe und die ›höchst museale Komik‹ der Uniformen von 1910. (...) Es geht um das uneheliche Kind einer Köchin, das – sozusagen – mit sämtlichen Kommißstiefeln breitgetreten wird. Gipfel des Witzes: ›Das Kind ist vom Storch!‹ – weil natürlich ein Mann namens Storch vorhanden ist (dessen Episoden-Darsteller Joachim Teege ein Lichtblick dieses Streifens ist). Wenn schon die Kasernenhofblüte des deutschen Films nicht mehr aufzuhalten ist – dies hier ist eine Distel.«

Heinz Erhardt vertritt in *Drei Tage Mittelarrest* die (klein-)bürgerliche Seite und tritt, wie erwähnt, in Zivil auf. Seine Rolle ist allerdings so klein, daß sein Name nicht immer genannt wird. In *Der neue Film* ist am 19. September 1955 zu lesen: »Nennen wir die Namen, so haben wir gleich die Charaktere. Ernst Waldow ist ein cholerischer Bürgermeister, Grethe Weiser eine diploma-

Streit: Heinz Erhardt und Joachim Teege in ›Drei Tage Mittelarrest‹

tische Frau Bürgermeister. Hinzukommen Eva Probst als höhere Tochter, Ruth Stephan als naive Köchin und ihr treuherziger Auserwählter Franz Muxeneder (ein edler Trottel), Maria Littos rassige Tänzerin, Willy Fritschs freundlicher Major, Willi Roses schnauzender Feldwebel, Erwin Strahls herzzerbrechender Oberleutnant. Ein Gesamtlob für die anderen Darsteller, die zum Erfolg beitragen, insbesondere Walter Müller, Joachim Teege und Klaus Günther Neumann.«

In der *Münchner Abendzeitung* war der Kritiker von *Drei Tage Mittelarrest* gar nicht angetan: »Also, wenn Sie mich fragen: Ich weiß es auch nicht! Wenn Sie mich noch genauer fragen, dann finde ich das Ganze eine plump-vertrauliche Zumutung (...). Ein Mädchen sucht ›einen Kindsvater‹ – wie peinlich dumm das ausgesponnen wird. Die Tänzerin ist ›eine solchene‹ – ach ja! Die Offiziere sind aber auch solchene ... und dann Ernst Waldow und dann die Grethe Weiser ... Vorliegendes hätte als frontbetreuendes Kabarett im Weltkrieg I sicherlich erfreutes Schnurrbartzwirbeln und Monokelputzen erzeugt.« Für Erhardt aber findet der Kritiker ein lobendes Wort: »Heinz Erhardt und J. Teege wird man sich als sichere Komiker in den Nebenrollen merken müssen.«

Wie bekannt ist, hat man sich Heinz Erhardt »gemerkt«. Man hat auch, im September 1956, die allgemeine Wehrpflicht für die Bundesbürger eingeführt, und man hat wieder aufgerüstet. Im gleichen Jahr sieht man *Die Saat der Gewalt* in deutschen Kinos. Denen geht es 1956 so gut wie nie: In der Bundesrepublik gibt es 6500 Kinos mit 2,7 Millionen Plätzen. Von da an geht es nur noch bergab. Mitte der achtziger Jahre existieren nur noch etwa 3000 Kinos – und wiederum kündigen »neue Medien« (Video, Kabel, Satellit) ein neues Kinosterben an.

Während 1956 weltweit bereits 77 Kernkraftwerke in Betrieb sind, warnen Wissenschaftler erstmals vor giftigen Abgasen, deren Volumen man auf 10 Millionen Kubikmeter pro Jahr schätzt. Nachdem Elvis Presley von seiner ersten Single »Heartbreak Hotel« innerhalb von sechs Monaten acht Millionen Stück verkauft hat, machen sich auch deutsche Illustrierte bald Sorgen über das »Halbstarken«-Phänomen. Peter Kraus reitet mit Erfolg auf der Rock'n Roll-Welle.

Während Premier Chruschtschow auf dem XX. Parteitag der KDdSU den Stalinkult demontiert, die Suez-Krise die Welt verstört, das Bundesverfassungsgericht die KPD für verfassungswidrig erklärt und Marlene Dietrich für einen Monat Arbeit eine Viertelmillion Dollar bekommt, triumphieren im Kino Spencer Tracy als *Der alte Mann und das Meer* und Heinz Rühmann als *Der Hauptmann von Köpenick*. Als *Liane, das Mädchen aus dem Urwald* zeigt Marion Michael für 1956 sehr viel nackte Haut.

Heinz Erhardt gibt sich derweil in einem weiteren Kurzauftritt sehr kauzig. Kaum wiederzuerkennen – mit Kinnbart, buschigen Augenbrauen, Kraushaar und überdicker Brille – mimt er in *Ich und meine Schwiegersöhne* den Nervenarzt »Dr. Mindermann«, dessen Name allein schon ankündigt, wie es sich für die Tradition des deutschen Lustspiels gehört, daß er nicht alle Tassen im Schrank hat. Erhardt/Mindermann zur Seite treten Werner Finck als »Dr. Koch« und Ursula Herking als Psychiaterin »Dr. Dora Stingel«. Die sind auch nicht ganz dicht.

Das tumbe Trio hat die Aufgabe, Agathe Zausel alias Grethe Weiser zu untersuchen; sie halten sie – selbstverständlich fälschlicherweise – für eine Kleptomanin. Erhardt schlägt Hypnose vor und sagt: »Blicken Sie mir mal in die Augen, in sämtliche Augen. Setzen Sie sich und schlafen Sie. Wann hatten Sie zum ersten Mal ein Bedürfnis – ein Bedürfnis, in fremde Taschen zu greifen?«

Als nächstes unternimmt das Trio einen »Spaltungstest«: Grethe Weiser soll sich vorstellen, an einem See zu sitzen und zu angeln; sie muß dazu ihre Füße in einen Papierkorb stecken und ein Lineal in der Hand halten ... Schließlich stülpt sie Erhardt zeternd den Papierkorb über den Kopf. Nach kurzer Beratung kommen die drei Fachkräfte überein, einer Fehldiagnose erlegen zu sein. Erhardt erklärt: »Wir sind gefallen, einem Irrtum

Irre Ärzte: Werner Finck, Ursula Herking und Heinz Erhardt diagnostizieren Grethe Weiser in ›Ich und meine Schwiegersöhne‹

zum Opfer.« Grethe Weiser wünscht ihm daraufhin »Petri Heil«.

Dies ist auch schon alles, was Heinz Erhardt zu *Ich und meine Schwiegersöhne«* beiträgt. Stars der Verwechslungskomödie, die wiederum von Georg Jacoby inszeniert wird, sind Grethe Weiser, Walter Giller und Rudolf Platte, erstere das Ich und letztere die Schwiegersöhne. Außerdem singen Bibi Johns und Bully Buhlan unter anderem das Lied »Ich hab' dir aus Ägypten einen Kaktus mitgebracht ...«

Die Produktionsfirma faßt damals den Inhalt des Films so zusammen: »Die energische Agathe Zausel will aus ihren beiden Schwiegersöhnen ›lammfromme Droschkengäule‹ machen. Bei dieser ›Entziehungskur‹ aber stolpert sie über ihre eigenen Fallstricke und gerät in tolle Situationen, die schließlich zur vergnüglichen Beilegung dieser familiären Kraftprobe und damit zur Zufriedenheit aller Beteiligten führen.«

Gar nicht zufrieden ist damals der Kritiker (oder die Kritikerin) des *Evangelischen Filmbeobachters:* (...) Auch Klamotten müssen sein, aber sie müssen ein Gesicht haben. Dieses trübselige Erzeugnis hat weder Hand noch Fuß, geschweige denn ein Gesicht. Es ist von den schlechten deutschen Filmen dieser Spielzeit einer der schlechtesten. Die Primitivität dieses deutschen Lustspiels liegt unter der Grenze dessen, was man selbst einem anspruchslosen Publikum zumuten darf.«

Harte Worte. Wobei man bedenken muß, daß der mit »H. H.« zeichnende Kritiker (oder die Kritikerin) auch heftig diskriminierende Schlagertexte anmängelt, in denen es zum Beispiel von den Frauen heißt: »Die kleinen Lügen und Intrigen, die brauchen sie zu ihrem Glück.« *Ich und meine Schwiegersöhne* ist in der Tat keine Offenbarung in Sachen Komik.

Das sieht die (konservative) *Aachener Volkszeitung* in ihrer Besprechung vom 5. Mai 1956 etwas anders: »(...) Von einigen peinlichen Wortspielen abgesehen läuft ein nettes deutsches Lustspielchen flott und hin und wieder auch einfallsreich ab. Regisseur Georg Jacoby hatte seine Hand im Spiel und führte ein respektables Aufgebot zugkräftiger deutscher Leinwandhumoristen vor. Es kann doch in diesem Genre nicht schiefgehen, wenn (...) u. a. auch Bibi Johns, Ursula Herking, Oskar Sima, Paul Henckels, Bully Buhlan, Werner Finck und Heinz Erhardt das ihrige mehr oder weniger komisch dazutun.«

Einen etwas umfangreicheren Part (von Heinz Erhardt einmal

›Die gestohlene Hose‹

scherzhaft als »Titelrolle« tituliert, weil er besagte Hose trägt)
spielt der Humorist – ebenfalls 1956 – in dem Schwank *Die gestohlene Hose*. Regie führt der Österreicher Geza von Cziffra –
wiederum ein Routinier, der zwischen 1943 und 1969 mehr als
50 Spielfilme inszeniert, durchgängig Unterhaltungsware der
leichten Art. So manchem erscheint sie – zu oft leider zu recht –
als zu leicht und zu seicht.

Dementsprechend mokiert sich auch der mit »Fr.« zeichnende Rezensent des *Evangelischen Filmbeobachters* in der Kritik Nr. 437: »(...) Der Herr schlüpft, aus erotischer Taktik, in die Rolle seines Dieners, während der Diener (aus dem Heinz Erhardt einen hemmungslosen Unfläterich machte) dem Namen seines Herrn, als der er in die Welt zieht, üble Dienste leistet. Und da der Diener vormals mit einer devisengefüllten Hose verschwunden war, muß der Herr obendrein für ihn ins Gefängnis. Ansonsten besteht die Handlung daraus, daß sich ein gut gekleideter Mann in eine Eisbombe setzt, daß ein Polizist einen vermummten Jüngling für seine Geliebte hält und küßt, wofür er dann mit dem Bügeleisen gebrannt wird, usw. (...) Wieder einmal eine Spekulation auf die Dummheit des Publikums! Wo so bar jeden Könnens und jeden Geschmacks geblödelt wird, da müßte allerdings, so sollte man meinen, jeder merken, daß das Ganze nichts ist als eine massive Beleidigung.«

Einen etwas launischen Bericht von der Premiere des Films gibt »-roy« am 18. Mai 1956 im *Essener Tageblatt,* wobei aus Erhardt einmal mehr »Ehrhardt« wird (was hier korrigiert ist): »Da, schaugt's her: nette Leut' san die Stars! – Ja, mei! — Gestern waren wieder vier in der Lichtburg: Susanne Cramer, Heinz Erhardt, Siegfried Breuer junior und Rudi Hofstetter aus Wien. Zur Premiere des Erhardt-Lustspiels *Die gestohlene Hose.* Und wie stets üblich: autogrammbeflissene Filmfreunde hinter einer Polizeikette. Wer hat ihn nicht schon einmal im Rundfunk gehört, den Heinz Erhardt, mit der blöden Stimme und den dummkomischen Einfällen? Ein rundlicher Mann mit freundlich-schimmernden Brillengläsern. (...) *Die gestohlene Hose* sah auch Erhardt gestern zum ersten Male. ›Wollte den Film nicht früher sehen‹, sagte er, ›man ist dann meistens über sich selbst enttäuscht.‹«

Für Heinz Erhardt sind die filmischen Aktivitäten des Jahres 1956 damit noch keineswegs beendet. Als nächstes ist er in der österreichisch-deutschen Koproduktion *Mädchen mit schwachem Gedächtnis* zu sehen, wiederum unter der Regie von Geza von Cziffra. Als »Albert, Pressefotograf« bringt er einige entscheidende Steine der Handlung ins – wenn auch schwerfällige – Rollen.

Die Komödie dreht sich um die begabte junge Tänzerin Anny (Germaine Damar), die ihr Heimatdorf verläßt, um in der großen Stadt München ihr Glück zu versuchen. Dabei will Jugendfreund Poldi (Peter Weck), der es dort schon zu etwas gebracht hat, Anny helfen. Doch Poldi hat hochgestapelt, er ist nur ein kleiner Kellner, und dann stiehlt man Anny auch noch ihr ganzes Geld.

In der Inhaltsangabe des damaligen Presseheftes heißt es weiter: »Die rettende Idee kommt schließlich von Albert (Heinz

Wer den Schaden hat, spottet jeder Beschreibung: Heinz Erhardt in ›Die gestohlene Hose‹

Der rasende Reporter: Erhardt in ›Mädchen mit schwachem Gedächtnis‹

Erhardt), Pressefotograf und Poldis bester Freund. In der Zeitung hatte er gelesen, daß man in Amerika eine junge Dame, die das Gedächtnis verloren hat, sagenhaft beschenkt und verwöhnt. Ähnlich müßte es mit Anny werden! Und damit wäre ihnen allen Dreien geholfen.«

Der wunderbare Plan geht natürlich in die Hose. Das amerikanische Ehepaar (Loni Heuser und Rudolf Platte), das Anny als

Mitfahrgelegenheit: Heinz Erhardt und Peter Weck in ›Mädchen mit schwachem Gedächtnis‹

ihre vermißte Adoptivtochter mit offenen Armen aufnimmt, entpuppt sich als Betrügerpärchen. Den Rest kann man sich mehr oder weniger denken.

Als kleiner Exkurs ein Auszug aus einem Dialog zwischen Babette Howard alias Loni Heuser und ihrem neuen Diener Albert, im Hauptberuf Pressefotograf (Heinz Erhardt): »Sie können also kochen, servieren, bohnern?« – »Ich bin als Bohnerer berühmt. Ich habe einmal den ersten Preis gemacht bei einem Wettbohnern.«–» ... waschen, bügeln?«–»Im Bügeln habe ich allerdings nur den Zweiten gemacht, aber das war Schiebung.«–»Und noch eine Frage: »Können Sie zufällig auch massieren?«–»Selbstverständlich, gnädige Frau. Der menschliche Körper ist meine Domäne – besonders der weibliche.«

Mädchen mit schwachem Gedächtnis wird von der Presse mit meist ironischer Gutmütigkeit aufgenommen. Vor allem wirft man dem Lustspiel vor, nicht sonderlich lustig zu sein, da die platten Gags einen zu langen Bart hätten. Heinz Erhardt wird aber in den Besprechungen mehr und mehr erwähnt – und gelobt.

So schreibt Gerda Richter am 13. Juli 1956 nach der Uraufführung des Films in der *Hannoverschen Presse:* »(...) Doch auch hier gibt's unter Geza von Cziffras Regie und zu Michael Jarys Musik einige hübsche Sprünge in die gute Laune, und dies besonders, weil Heinz Erhardt mal wieder in einer richtigen Rolle aufs beste in Form ist und als Fotoreporter, Amateur-Kabarettist und herrschaftlicher Diener unentwegt Gelegenheit hat, seine Witzeleien an Mann und Frau zu bringen. Ohne ihn wäre es deutlicher geworden, daß der Film in der zweiten Hälfte an echter Situationskomik etwas müde wird, denn er holt einige Pointen heran, die, allzu bekannt, keine mehr sind.«

Die *Hannoversche Allgemeine* meint am gleichen Tag: »(...) Das Publikum hatte seinen Spaß an dem ebenso heillosen wie unwahrscheinlichen Leinwanddurcheinander um ein hübsches Mädchen und eine Millionenerbschaft. Die gute Laune des Premierenpublikums ging in erster Linie auf das Konto Heinz Erhardts, der mit unbeweglicher Miene seinen Wortsalat servierte.«

Ähnliches registriert auch der Rezensent der *Fränkischen Tagespost* am 20. Juli 1956: »(...) Da ist dann noch dieser famose Heinz Erhardt, der durch seine Wort-Eskapaden nach wie vor auch die sommerlichen Gemüter zum herzwarmen Lachen bringt. Er ist ein Komiker, dem es aus der Nonchalance kommt und der etwas von der Werner Finckschen geistreichen Wortverdrehung mitbringt. Es ist, wenn er auf der Leinwand erscheint, ein Lächeln und Lachen ohne Ende.«

Auch der *Katholische Filmdienst* ist dieser Ansicht: »(...) Zwischendurch bringt Heinz Erhardt seine beliebten Wortwitze an, und hauptsächlich ihm dürfte es zu verdanken sein, daß sich auf die Dauer doch die Stimmung der Lustigkeit ausbreitet, die ein solcher Film nötig hat, um mühelos ins nächste Lichtspieltheater zu gelangen.«

Heinz Erhardt jedenfalls gelangt 1956 noch mit einem vierten Film in die Lichtspieltheater: *II-A in Berlin* heißt der von Hans Albin inszenierte Schwank, der eine Art Fortsetzung des Films *I-A in Oberbayern* aus dem Jahre 1955 ist (Regie ebenfalls Albin). Die Titel beziehen sich auf die einst in München beziehungsweise Berlin verwendeten Autokennzeichen. Die gab es damals schon nicht mehr, so wie es heute *II-A in Berlin* nicht mehr gibt: Der Film gilt als verschollen; weder das Negativ noch Kopien sind auffindbar.

Was vielleicht auch ganz gut so ist. Heinz Erhardt spielt – auf der Seite der Preußen – nicht nur eine Winzrolle (als »Resi«-Direktor), sondern der ganze Film muß eine schwache Leistung gewe-

›*II-A in Berlin*‹: Direktor Erhardt begrüßt die Gäste Beppo Brem, Paul Westermaier, Peter Garden und Hans Fitz

sen sein. Der Untertitel, *Drei Bayern an der Spree,* läßt schon Böses ahnen, und die damals von der Produktionsfirma verbreitete Inhaltsangabe bestätigt diesen Verdacht.

Da heißt es: »Generaldirektor Bullerjahn, Berlin, will seine langjährige Haushälterin Lotte heiraten. Die Hochzeit soll in dem oberbayerischen Dorf Schlaffenhofen stattfinden, wo Bullerjahn eine Jagd besitzt und unter den schlichten Bauern gute Freunde gefunden hat. Doch Lotte besteht auf einer repräsentativen Hochzeit in Berlin. Bullerjahn zieht bei diesem Streit den kürzeren, setzt aber durch, daß wenigstens drei seiner Schlaffenhofener Freunde, nämlich der Bürgermeister, der Forstgehilfe Martl und der originelle Knecht Michl nach Berlin eingeladen werden. Große Sensation in Schlaffenhofen, bis sich die drei Eingeladenen aus der Dorfgemeinschaft gelöst haben und nach Berlin fliegen.

Die Begegnung der biederen Bayern mit der Weltstadt, ihren Menschen, Lebensformen und technischen Errungenschaften, führt zu zahlreichen äußerst komischen Zwischenfällen. Während der Bürgermeister Lallinger versucht, das Ausmaß und die Ursachen der in Schlaffenhofen als geradezu sprichwörtlich geltenden Berliner Unmoralität zu erforschen, stolpert der ebenso kauzige wie eigenwillige Knecht Michl von einer Situation in die andere, wobei er konsequent immer das tut, was er eigentlich »gar nie nicht« hätte tun dürfen. Der fesche Martl, ein Hallodri von Haus aus, vermag trotz des seiner Mutter vorher gegebenen Versprechens, sich von wegen der Gefahr einer Rassenverschandelung nicht in eine Preußische zu verlieben, der Lieblichkeit von Renate, einer Nichte des Herrn Bullerjahn, nicht zu widerstehen. Mit der Verlobung von Martl und Renate bei einem Fest im Lokal »Hasenheide« lösen sich glücklich alle preußisch-bajuwarischen Verwicklungen, und ein altes Mütterchen seufzt mit Rührung: »Die Bayern in Berlin! Daß ich das noch erleben konnte!«

Es liegt wohl nicht nur an den Rheinländern, daß man für diesen bayerisch-preußischen Konflikt kaum Verständnis aufbringt.

Die *Rheinische Post* schreibt am 10. November 1956: »Könnte man sich nicht mit eigenen Augen und Ohren davon überzeugen, man würde es niemandem glauben, einen wie schlechten Film Hans Albin produzierte. Drei Bayern (Beppo Brem, Hans Fitz und Peter Garden) werden von einem Generaldirektor (Paul Westermeier), dem es in Oberbayern immer so gut gefiel,

Der Preuße und der Bayer: Erhardt und Brem in ›II-A in Berlin‹

in die pompöse Grunewaldvilla eingeladen. Berlin besteht für Hans Albin aus der Villa, einem gehobenen Nachtlokal mit Leuchtfontäne und zwei Fiakern, in denen der Gastgeber ›janz orijinell‹ seine Gäste vom Flughafen abholt. Die Bayern saufen Bier, Schnaps und Sekt, landen bei leichten Damen und sind erst nach der fünfzehnten Verbrüderungsrede bereit, der Heirat des Jüngsten von ihnen mit einer ›Preußin‹ zuzulächeln. Die Leute auf der Leinwand lachen fortgesetzt, um damit zu beweisen, wie komisch das Ganze ist, die Grabesstille im Parkett wird nur von Gähngeräuschen unterbrochen.«

Das wenig schmeichelhafte Fazit lautet: »Einfallslosigkeit und Geistlosigkeiten feiern einen schwer unterbietbaren Triumph.« Ganz richtig steht in einer Kurzbesprechung von *II-A in Berlin* in der *Westfalenpost* ebenfalls am 10. November 1956 zu lesen: »(…) Heinz Erhardt sehen wir in letzter Zeit überhaupt häufiger

in deutschen Filmen, und wo er dabei ist, haben die Lachmus-
keln stets viel Arbeit, eine Arbeit allerdings, der man sich im Kino gerne unterzieht.«
Dies fällt offenbar auch einigen anderen Leuten auf. Bereits
vom nächsten Jahr an spielt Heinz Erhardt in Filmen hauptsächlich Hauptrollen.

3. Mal müde, mal munter: 1957/58

Im Jahr 1957 treffen die Bundesdeutschen eine klare politische
Entscheidung: Bei der Bundestagswahl am 15. September, die
später »Adenauerwahl« genannt wird, geben sie der CDU/CSU
die absolute Mehrheit. Dem Slogan, mit dem die Unionspartei-
en im Wahlkampf werben, kann sich wohl das Gros der Bundesbürger nicht entziehen: »Wohlstand für alle!« Dafür mußte man
sein – egal, ob man bereits wohlständig war oder noch danach
strebte.
Ein halbes Jahr zuvor, am 25. März 1957, ist die Europäische
Wirtschafts-Gemeinschaft (EWG) gegründet worden. Sie soll
die europäischen Nationen in erster Linie wirtschaftlich, aber
auch politisch enger aneinander binden. Was im Laufe des kommenden Vierteljahrhunderts mehr oder weniger gelingt. Meist
weniger.
Am 5. Oktober 1957 meldet die sowjetische Nachrichtenagen-
tur *Tass* den Start des ersten Weltraum-Satelliten »Sputnik 1«.
Der Startschuß für den amerikanisch-russischen Wettlauf im
Weltall ist damit gegeben. Unter der Leitung des Deutschen
Werner von Braun sputet sich die US-Weltraum-Behörde NA-
SA, den Rückstand aufzuholen. 25 Jahre später plant man, im
Weltraum Waffensysteme zu stationieren.
In der Bundesrepublik wird damals das Saarland als 10. Bundes-
land aufgenommen und innerhalb geschlossener Ortschaften
eine generelle Geschwindigkeitsbeschränkung eingeführt. Au-
ßerdem diskutiert man Diors »Sacklinie«. Noch wollen auch
87 Prozent der deutschen Kinobesucher Wochenschauen sehen;
das ändert sich bald, als das Fernsehen seine aktuelle Berichter-
stattung ausbaut. 50 Prozent aller deutschen Haushalte besitzen
übrigens – außer Schulbüchern – kein einziges Buch ...
Im Kino genießt man 1957 *In 80 Tagen um die Welt* im neuen
Todd-AO-Verfahren – auf Superbreitwand und mit Stereoton.

Weitere Hits der Saison: David Leans *Die Brücke am Kwai* und Sidney Lumets *Die 12 Geschworenen.* Besonderer Beliebtheit, vor allem bei den Produzenten, erfreuen sich zu dieser Zeit Musik- oder Schlager-Filme, in denen die Stars jener Jahre – Caterina Valente, Freddy, Peter Alexander, Gerhard Wendland, Bully Buhlan, Lolita, Friedel Hensch & die Cyprys, Peter Kraus, das Hazy Osterwald Sextett, und wie sie alle heißen – ihre Songs zum Besten geben. Einigen von ihnen – den Songs sowie den Interpreten – begegnet man auch in kommenden Heinz-Erhardt-Filmen.

Heinz Erhardt wird 1957 endgültig zum Film-Star. Er spielt jetzt nicht mehr bloß mit oder absolviert Kurzauftritte; die Filme sind ganz auf ihn zugeschnitten. Mehr und mehr kann er daher auch von seinem eigenen Material in die Dialoge und in die Figuren miteinbringen. In den acht Leinwand-Lustspielen, die er zwischen 1957 und 1959 dreht, spielt er fünfmal die Titelrolle, einmal sogar gleich dreifach (in *Drillinge an Bord*).

Es hat sehr viel mit der Filmpolitik der fünfziger und sechziger Jahre zu tun (davon wird noch die Rede sein), daß man dem neuen Star, der in den kommenden Jahren zu einem der führenden Film-Komiker Deutschlands wird, gleich zu Anfang (und später auch immer wieder) vermeintlich bewährte Stoffe und Regisseure an die Hand gibt.

So findet man 1957 in *Der müde Theodor* als Regisseur nicht nur Geza von Cziffra wieder – und in der Besetzung Peter Weck und Werner Finck und Hubert von Meyerinck; das Ganze ist auch die Wiederverfilmung eines Stoffes, der 1936 schon einmal mit Weiß Ferdl in der Titelrolle auf Zelluloid gebannt worden war. Und zwar unter der Regie von Veit Harlan, der später mit dem Nazi-Hetzfilm *Jud Süß* zu zweifelhaftem Ruhm kam.

Man findet in *Der müde Theodor* aber auch einige »neue«, junge Gesichter: Renate Ewert und Karin Baal etwa, aber auch Ralf Wolter, der noch oft zusammen mit Erhardt spielen wird, und Wolfgang Neuss, einen jungen Kabarett-Kollegen Erhardts. Gedreht wird der Film, wie zuvor schon *Die gestohlene Hose* und *II-A in Berlin,* in den Göttinger Filmateliers, die es heute nicht mehr gibt.

Heinz Erhardt spielt den Marmeladenfabrikanten Theodor Hagemann, der sehr unter dem Pantoffel seiner Frau Rosa (Loni Heuser) steht. Während er versonnen am Klavier vor sich hinkomponiert, beschwert sie sich, daß er sich einen neuen Frack

›Der müde Theodor‹

gekauft hat. Den alten hat er dem Tenor Mortadelli gegeben:
»Ich liehihnihm« versucht er zungenbrecherisch klarzumachen.
Hagemann hat nämlich ein Herz für junge Künstler und betätigt
sich als Mäzen. So hat er auch nichts gegen Harald, den Vereh-
rer seiner Tochter Jenny (Karin Baal), der zugibt, heimlich zu
komponieren. In ihrer Stammkonditorei machen sich Harald
und Jenny Sorgen darüber, daß Mutter Rosa gegen eine Heirat
ist.
Derweil pfändet Gerichtsvollzieher Storch (Ralf Wolter) das
Klavier der Sängerin Lilo Haase (Renate Ewert). Theodor gibt
sich als ihr Onkel aus und dem Gerichtsvollzieher 300 Mark An-
zahlung. Lilo singt: »Weck' mich nicht, ich träum' so schön …«
Theodor ist so angetan, daß es ihn wortwörtlich (samt Tisch)
umwirft.
Bei Hagemanns wird eine riesige Kiste mit (unverkäuflichen)

Galanter Mäzen: Erhardt und Renate Ewert in ›Der müde Theodor‹

Lyrikbänden eines gewissen Amadeus Bröselmann angeliefert, für den Theodor gebürgt hatte. Als Ehefrau Rosa mit Tochter Jenny verreist, gibt sie in der Fabrik Anweisung, Theodor kein Geld mehr zu geben. Der frühstückt daraufhin erst einmal ausgiebig: »Immer wenn ich traurig bin, muß ich essen.« Später verpfändet er seine Uhr und sein goldenes Zigarettenetui. Der Pfandleiher will ihm 1050 Mark geben, aber Theodor will nur 972,35 Mark.

Auf genau diesen Betrag wartet Gerichtsvollzieher Storch schon ganz nervös bei Fräulein Haase. Theodor bringt das Geld, ohne seinen Namen zu verraten. Der nächste Besucher bei Lilo ist Theodors Neffe Felix (Peter Weck), der einmal die Fabrik übernehmen soll. Lilo erzählt ihm von dem »guten Onkel«, der »dicklich und sehr gemütlich« aussehe.

Theodor zieht mit einem Handkarren voller Marmelade los, um

›Der müde Theodor‹: Heinz Erhardt mit Filmtochter Karin Baal

sich Geld für eine Pferdewette zu verdienen, zu der ihm Schulze (Hubert von Meyerinck) geraten hat. Natürlich verliert er. Daraufhin verschafft ihm Schulz einen Job als Kellner im Hotel »Schwarzer Adler«, nicht ohne ihm vorher noch einen Schnellkurs im Servieren angedeihen zu lassen. Hoteldirektor Noll (Wolfgang Neuss) setzt Theodor als Zimmerkellner im Nachtdienst ein.

Dabei passiert eine Katastrophe nach der anderen, und Fritz Kümmel, der Piccolo, muß Theodor aus der Patsche helfen. Am Morgen fällt Theodor todmüde ins Bett und schläft im Frack ein. Als das Hausmädchen Frieda »Frühstück!« ruft, antwortet er im Schlaf: »Tee oder Kaffee?« Direktor Noll ist begeistert, daß Theodor bei der Arbeit soviel Geschirr zerdeppert, weil es so scheußlich ist. Zur Belohnung darf Theodor auch als Sänger und Klavierspieler aushelfen. So vergehen die Nächte. Theodor wird immer besser – und immer müder.

Hoppla!

Wie der Autor es so will, kommen Rosa und Jenny drei Tage früher zurück, was Theodor später zu der Bemerkung veranlaßt: »Ihr seid leider Gott sei Dank schon da. Ist denn heute schon übermorgen?« Jedenfalls reisen die Damen zusammen mit Walter Steinberg, Keksfabrikant (Kurt Großkurth). Der hält um Jennys Hand an – für seinen Sohn Harald, der abends im »Schwarzen Adler« ein Konzert geben will.

Ehe aber Jenny und Harald (und Lilo und Felix) zusammenkommen können, geschehen noch eine Menge »Mißtümer und Irrverständnisse«, wie Theodor es ausdrückt. In die gerät unter anderem Werner Finck. Am Ende jedenfalls ist die »Tyrannei« von Theodors Frau gebrochen; brav steht sie in der Küche und rührt Teig, während Theodor die Leitung der Fabrik »Hagemann und Steinberg« übernimmt. Vor dem Werkstor küssen sich die beiden jungen Paare.

Sehr angetan von Heinz Erhardt ist diesmal der sonst so kritische *Evangelische Filmbeobachter:* »(...) Dieser neue deutsche Lustspielfilm zeichnet sich vor anderen dadurch aus, daß die Hauptrolle mit einem Schauspieler besetzt wurde, der unter Humor nicht nur Klamauk versteht, sondern einen ganzen Film über sympathische Menschlichkeit auszustrahlen vermag. Heinz Erhardt beweist damit, daß er nicht nur Gelegenheitskomiker ist, sondern Talente besitzt, die ihn über den Durchschnitt der deutschen Film-Spaßmacher hinausheben. Ihm ist es zu verdanken, daß der im Drehbuch keineswegs sehr starke Film zu einer recht ordentlichen Unterhaltung wurde.«

Ordentlich ist das rechte Wort. Wenn man heute bedenkt, daß sich zwei junge Verliebte zum Rendezvous in ihrer »Stammkonditorei« treffen ... Wenn man bedenkt, daß sich Renate Ewert zwar einmal auszieht, dies aber »off-screen« (außerhalb des Bildes) tut, und lediglich – wie gewagt – ihre Dessous ins Bild wirft ... Wenn man bedenkt, daß Heinz Erhardt schon hier auf die »Onkelrolle« festgelegt wird – auch wenn er damit prahlt, es »fingerdick« hinter den Ohren zu haben ... Hier manifestiert sich der wohlanständige, konservative, restaurative Geist der fünfziger Jahre in Reinform.

Das wird noch deutlicher in dem zweiten Heinz-Erhardt-Film, der 1957 in die Kinos kommt: *Witwer mit fünf Töchtern.* Wiederum in Göttingen gedreht, führt diesmal Erich Engels Regie, der dem einen oder anderen vielleicht noch als Regisseur einiger Filme mit dem bayerischen Grantler und Querdenker Karl Va-

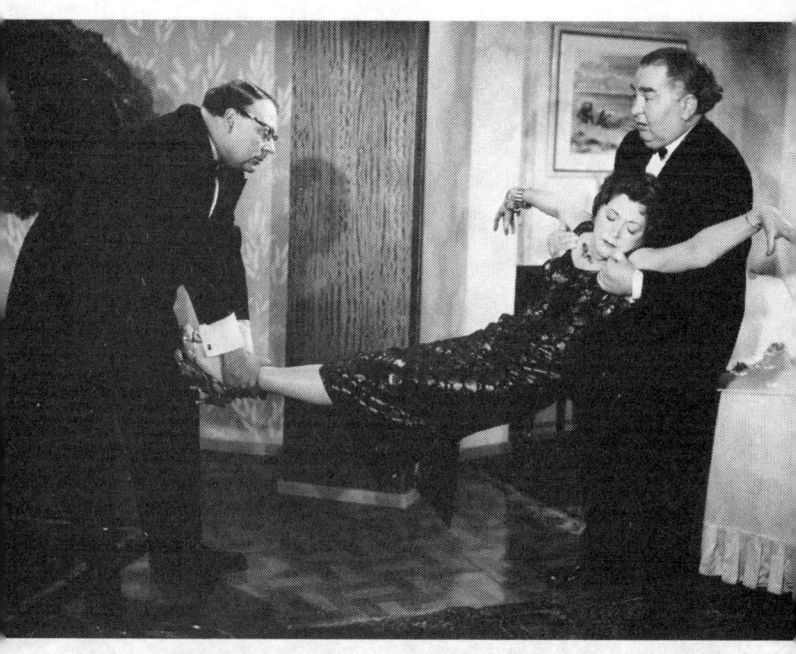

Zuviel des Guten für Loni Heuser: Heinz Erhardt und Kurt Großkurth in ›Der müde Theodor‹ greifen zu

lentin in Erinnerung ist. Wie nicht unbedingt schon der Titel allein, wohl aber die Story klarmacht, gehört *Witwer mit fünf Töchtern* ganz in die Kategorie der damals so beliebten »Familienfilme«, die Familien-Geschichten erzählen, die sich die ganze Familie im Kino anschauen kann. Erbauliches halt.

Heinz Erhardt heißt diesmal Friedrich Scherzer, trägt sein Haar lockig-gewellt und arbeitet als Bibliothekar in einem alten Schloß, das dem Amerikaner Alfred B. C. Pfefferkorn gehört, den Friedrich auch schon mal »Mr. Doppelkorn« nennt. Von Zeit zu Zeit klagt Friedrich dem Bildnis seiner verstorbenen Frau Mathilde seine Sorgen.

Davon hat er reichlich, vor allem in Gestalt seiner Töchter Karin, Anne, Marie, Ulla und Julchen (Susanne Cramer, Vera Tschechowa, Angelika Meissner, Christine Kaufmann und Elke Aberle). Karin hat Liebeskummer, weil ihr Freund, der Zahn-

>Witwer mit fünf Töchtern<: (von links) Susanne Cramer, Vera
Tschechowa, Angelika Meissner, Christine Kaufmann, Elke Aberle
und Heinz Erhardt

arzt Dr. Klaus Hellmann (Helmuth Lohner), nicht sonderlich
geschäftstüchtig ist. Anne und Marie lassen sich auf der Kirmes
ausgerechnet von zwei Rock'n'Roll-Fans abschleppen (Peter
Vogel und Alexander Ebermayer-von Richthofen). Und selbst
die noch sehr junge Ulla fragt ihn, was denn Herzklopfen zu bedeuten habe. »Zuviel gegessen oder verliebt«, antwortet Friedrich.
Dann kündigt die Köchin, Fräulein Forsch, die alle nur Fräulein
Frosch nennen, weil sie keine Aussichten hat, wie erhofft Frau
Scherzer zu werden. »Ein Scherzerchen«, kann Friedrich dazu
nur anmerken. Glücklicherweise sieht die sympathische Nachbarin Frau Hansen (Lotte Rausch), die Witwe ist, gelegentlich
nach dem Rechten – und den Töchtern.
Zusammen mit dem Gärtner, der Friedrich die entsprechenden

Abkürzungen wie »stattel Ärsch« (stattliche Erscheinung) erklärt, setzt er eine Anzeige für eine neue Haushälterin auf. Doch die Bewerberinnen, die sich später einfinden, verlassen alle in Horror das Haus, als sie von den vielen Töchtern erfahren. Dafür schickt das Jugendamt ein Fräulein Nessel vorbei. Bei einem Kirmesbesuch freundet sich Friedrich mit dem jungen Zahnarzt an, der ihm seinen Kummer mit Karin klagt, wobei beide nicht wissen, wer der andere ist. Während im Bierzelt ein zünftiger Schuhplattler geboten wird, üben die älteren Töch-

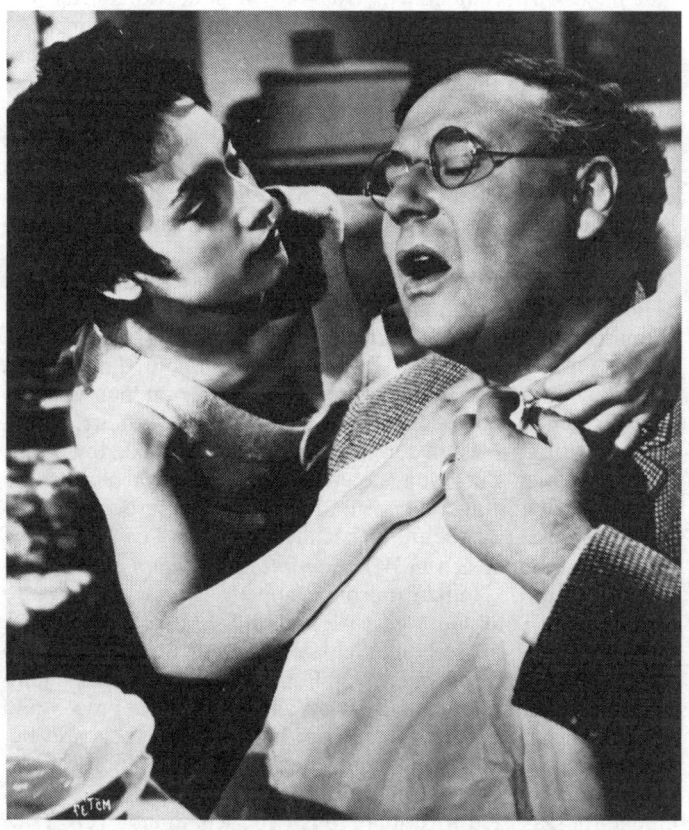

Vera Tschechowa und Heinz Erhardt in ›Witwer mit fünf Töchtern‹

ter mit einer Rock-Band im Schloß für ein Tanzturnier. Mr. Pfefferkorn kommt rein und Friedrich fliegt raus. Julchen, das Nesthäkchen, rettet die Situation. Sie geht zu Pfefferkorn ins Hotel, zertrümmert ihr Sparschwein – Inhalt: stolze 53 Pfennig – und rührt den reichen Amerikaner so, daß er Friedrich mit doppeltem Gehalt wieder anstellt.

Durch Vermittlung von Frau Hansen kommt es auch zur Verlobung von Karin und ihrem Klaus. »Jetzt sind's nur noch vier«, erzählt Friedrich dem Bild seiner Frau, »man wird immer alleiner.« Karin aber sorgt dafür, daß er mit Frau Hansen zum Urlaub nach Westerland fährt. »Das wär' 'ne neue Mutti«, sagt Julchen am Bahnhof, und Friedrich schaut ganz verlegen drein.

Heinz Erhardts Rolle in *Witwer mit fünf Töchtern* ist geradezu archetypisch für ihn und was er verkörpert. Ein Trottel mit viel Herz, der den gestrengen Vater zu spielen versucht, was ihm nicht gelingt: Muß er, weil es seine vermeintliche Autorität so erfordert, eine Ohrfeige austeilen, gerät sie zu einem sanften Streicheln. Füttert er das kranke Julchen, ißt er dabei selber alles auf, ohne es zu merken. Völlig in sich versunken, tanzt er, angetan mit einer kleinen Schürze über dem stattlichen Bauch, durch die Küche und singt dazu einen »modernen« Schlager: »Die Music-Box spielt immer nur den gleichen Fox …«

Wenn er aber in Rage gerät und dem Jugendamt den Marsch blasen will, dann sagt er: »Wenn ich ein Mann bin, dann bin ich es ganz.« (Man beachte das »wenn«!) Als er endlich von der Liaison seiner Tochter Karin mit dem Zahnarzt erfährt, explodiert er wütend – und in der nächsten Szene sieht man ihn bester Laune bei der Verlobungsfeier. Auf einem alten Spinett im Schloß spielt er hingebungsvoll Mozart, und außerdem komponiert er selbst. Alles sehr »menschlich«.

Tatsächlich findet sich in *Witwer mit fünf Töchtern* eine Eigenkomposition von Heinz Erhardt: »Pappis Wiegenlied«. Er hatte es für seinen Sohn Gero geschrieben und singt es hier am Bett des fieberkranken Julchen. »Schlafe ein, mein Schätzchen,/und träum' von einem Kätzchen,/von Püppchen, bunten Steinchen,/schlaf' ein, schlaf' einchen! (…) Während nun der gute Mond am Himmel lacht,/sitzt dein Pappi hier am Bettchen und bewacht/dich, mein kleines Schätzchen./Jetzt schlafen schon die Kätzchen,/die Püppchen und die Steinchen,/schlaf' ein, schlaf' einchen!« Das Lied wird später auch auf Schallplatte veröffentlicht (siehe Discografie am Ende dieses Buches).

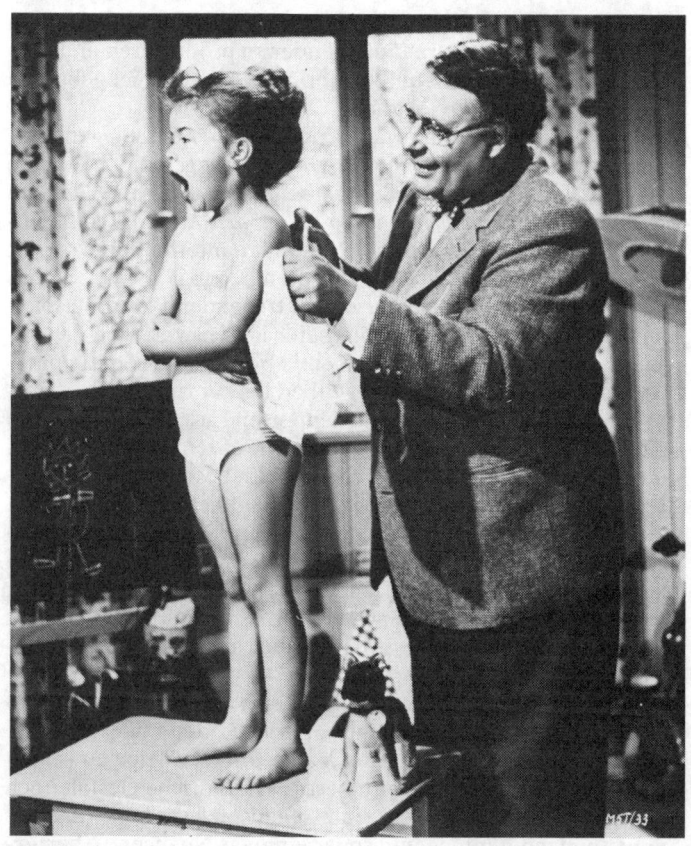

Ein Herz für Kinder: Heinz Erhardt mit Elke Aberle in ›Witwer mit fünf Töchtern‹

Die Produktionsfirma ist so besorgt über Heinz Erhardts neue Rolle als Charakterdarsteller, daß sie in ihrem Werberatschlag schreibt: »Herr Theaterbesitzer! (…) Heinz Erhardt ist dem Filmpublikum bisher nur in Schwänken vorgestellt worden – als Meister witziger Worte und komischer Situationen. (…) Gewiß, man lacht auch hier über alles, was Erhardt sagt und tut – und doch ist der Grundton allen Geschehens von herzlichem Humor bestimmt. Die Grundnote ist gefühlsbetont. (…) In diesem Fall ist die Aufgabe der Werbung also die, Heinz Erhardt und seinen *Witwer mit fünf Töchtern* umfassender zu propagieren und dem Publikum das Gefühl dafür beizubringen, daß die hier gebotene Heiterkeit tiefere Wurzeln hat.«

Ungeachtet dessen kommt die Kritik zu einer einhelligen Meinung: »Alles in allem: ein netter Unterhaltungsfilm«, meint die *Bonner Rundschau* am 14. September 1957. »Alles in allem: ein ganz nettes Lustspiel«, meint der *Münchner Merkur* am 5. Oktober 1957. »Fazit: Freundliche Familienunterhaltung«, meint die *Süddeutsche Zeitung* am 10. September 1957.

Davor heißt es da: »In seiner ersten tragenden Filmrolle spielt Heinz Erhardt leicht verschmitzt seine liebenswürdigen Trümpfe aus – von der sanft konfusen Komik bis zur leisen Sentimentalität, vom selbstverfaßten Wiegenlied bis zur rührenden Vater-Tyrannei aus Hilflosigkeit. Die depperten Lustspieldialoge (...) erträgt er mit Lammsgeduld – ebenso wie er seine fünf Filmtöchter erträgt, die ihr gutes Väterchen mit Liebeskummer, Rock'n-'Roll und anderem Unfug außer Atem und sich selbst beinah um die nette Schwiegermutter in spe bringen. Sie machen ihre Sache nett, die mittleren (Angelika Meissner, Christine Kaufmann und die aparte Vera Tschechowa) vorwiegend mit Talent, die älteste (Susanne Cramer) mehr mit ihrem hübschen Gesicht und Klein Julchen (Elke Aberle) einfach mit Pummelchen-Charme.«

Nur der so kritische *Evangelische Filmbeobachter* legt sich wieder einmal quer: »(...) Bleibt als originale, individuell erdachte Rolle lediglich Heinz Erhardts Vater. Im Vergleich zu seinen bisherigen Filmleistungen hat diese tragikomische Gestalt noch am meisten Ähnlichkeit mit einer schauspielerischen Aufgabe. Sie hat einigen Umfang und sogar ein paar Nuancen. Aber Erhardt kalauert sich durch die Handlung und macht ebenso sinnlose wie stereotype Posen dazu. Obendrein läßt ihn dabei allzu oft der gute Geschmack im Stich. Sein Vergnügen am Ordinären bereitet arges Mißvergnügen. Wie so oft: Ein Spiel ohne Thema, es bezieht sich auf keine Wirklichkeit.«

In letzterem muß man dem Kritiker allerdings vorbehaltlos Recht geben. Genau das ist geradezu die entscheidende Crux der deutschen Filmkomödie – und nicht nur der fünfziger und sechziger Jahre: Sie ist weit abgehoben von jeglicher Realität. Allenfalls im Hintergrund oder »zwischen den Bildern« kann man den Zeitgeist aufspüren. Daß dies anders sein kann, anders sein muß, hat (zur gleichen Zeit) nicht nur der große Jacques Tati gezeigt. Wobei man freilich nicht vergessen darf, daß es gerade Heinz Erhardts ausdrücklich erklärtes Programm ist, seine Zuhörer und Zuschauer von ihren Alltagssorgen abzulenken. Nur – genau dies hat der deutsche Lustpielfilm mit einer Lust und Perfektion betrieben, die ihn in tiefer Bedeutungs- und Belanglosigkeit haben versinken lassen.

Wenn einmal die Neuzeit, wie in *Witwer mit fünf Töchtern,* vehement in die deutsche Filmkomödie einbricht, sieht das so aus: Die Jugendlichen treffen sich jetzt nicht mehr in der Konditorei, sondern in der Eisdiele, und dortselbst steht ein Fernseher, in dem gerade diese neumodische Ami-Musik läuft, und dazu sieht man Rock'n'Roll-Tänzer. Später gibt es sogar einen Rock-Song im Film: »Rock, rock, rock-n roll – das ist die Musik von heute!/ Rock, rock, rock-n roll – schreit verzückt die ganze Meute!«, singt und spielt da eine Truppe reichlich adrett und nett aussehender junger Leute – signalisierend: Das ist ja alles gar nicht so ernst zu nehmen!

Ansonsten reicht die Musikskala im Film von Mozart über einen »forschen« Calypso (»Jamaica Joe«) bis zum Schuhplattler: Sie ist so breit wie das Publikum, das angelockt werden soll. Geschmäcker sind schließlich *so* verschieden.

Die Neuzeit sieht 1958 so aus: In Brüssel findet die erste Weltausstellung nach dem Zweiten Weltkrieg statt. Das Wahrzeichen der Weltausstellung, das »Atomium«, die hochhaushohe Nachbildung eines Atom-Moleküls, erscheint Paul Maenz, dem Autor des aufschlußreichen Buches *Die 50er Jahre,* als »Menetekel und Verheißung« zugleich.

Die USA haben ihre »Atlas«-Rakete, die als Träger von Atomwaffen dienen kann, voll entwickelt; sie schießen ihren ersten Satelliten »Explorer I« ins All; ihr Atom-U-Boot »Nautilus« erreicht, unter dem Eis tauchend, den Nordpol. Die aus den USA eingeführten Hula-Hoop-Reifen kreisen heftig um deutsche Hüften. Der Schah von Persien trennt sich von Soraya. Düsenflugzeuge wie die Boeing 707 verkürzen die Flugzeiten erheblich – und tragen mit dazu bei, den Grundstein für den kommenden Massentourismus zu legen.

Die »Pille« wird immer populärer, ändert das Selbstbewußtsein der Frauen – und wird auch vom neuen Papst Johannes XXIII. abgelehnt. Bubi Scholz wird 1958 Europameister im Boxen; 1985 muß er hinter Gitter, weil er im Vollrausch, versehentlich, wie er sagt, seine Ehefrau erschossen hat. In Aachen (der Heimatstadt des Autors, Anm.d.A.), aber auch anderenorts in der Bundesrepublik, verbrennen Schüler, von ihren Lehrern dazu angestiftet, am St.-Martins-Tag Bücher – sogenannte »Schmutz- und Schund-Literatur«. Die letzten Bücherverbrennungen in Deutschland sind immerhin schon mehr als 20 Jahre vorbei.

1958 werden in der Bundesrepublik 115 Spielfilme produziert – fünf Jahre später sind es nur noch 63, etwas mehr als die Hälfte. Zu den wenigen kritischen deutschen Filmen des Jahres gehört Wolfgang Staudtes *Rosen für den Staatsanwalt* – und selbst da wird der Schluß des Films auf Anordnung der Produktionsfirma noch »publikumswirksam« gemildert. Staudte hatte darauf hinweisen wollen, daß auch im neuen Deutschland (der BRD) ehemalige Nazi-Juristen noch immer (Un-)Recht sprechen.

Die Bundesdeutschen sehen lieber O.W. Fischer in *Helden* und Nadja Tiller in *Das Mädchen Rosemarie*. Immerhin lachen sie auch über Jacques Tati in *Mon Oncle* und seine vergeblichen Versuche, sich in einer fortschreitend technologisierten und entfremdeten Welt zurechtzufinden. Weniger wahrgenommen wird der erste Film eines französischen Filmkritikers namens Jean-Luc Godard, *Außer Atem* (mit Jean-Paul Belmondo und Jean Seberg), der nicht nur eine »Neue Welle« in Frankreich ankündigt, sondern auch – Jahre später – auf einen »Neuen Deutschen Film« einigen Einfluß haben wird.

Die Schlagerstars des Jahres 1958 heißen noch immer Caterina Valente, Freddy, Peter Alexander und Peter Kraus (»Wenn Teenager träumen«).

Heinz Erhardt, der 1957 nach dem *Müden Theodor* einen ziemlich munteren *Witwer mit fünf Töchtern* darstellt, mimt 1958 zunächst einen zwangsläufig – wenn auch widerwillig – aktiven Radler in *Immer die Radfahrer,* weiterhin den eher phlegmatischen Diener eines Millionärs in *So ein Millionär hat's schwer,* und schließlich bringt ihn dann noch ein – gar nicht stattgefunden habender – Seitensprung als braver Familienvater in *Vater, Mutter und neun Kinder* ins Schwitzen.

Ins Schwitzen gerät Heinz Erhardt vor allem in *Immer die Radfahrer.* Als Likörfabrikant Fritz Eilers, der das Motto »Eierlikör ist gesünder als Spinat« vertritt, muß er seine massige Figur auf einen Drahtesel schwingen und durch Kärnten bergauf-bergab wuchten. Heimatfilm-Spezialist Hans Deppe inszeniert die

Gelobt sei das einfache Leben: Heinz Erhardt in »Immer die Radfahrer‹

österreichisch-deutsche Koproduktion, die vor Ort in Kärnten und in den Ateliers der Wien-Film gedreht wird. Das Drehbuch entsteht nach einer Idee von Hans Joachim Kulenkampff, der die zweite Hauptrolle spielt, während er sich sonst hauptsächlich als der deutschen Fernsehzuschauer liebster Quiz-Master betätigt.

Am Anfang des Films befragt ein Lehrer seine Schüler, wohin sie denn dieses Jahr in Urlaub fahren. »Mit dem Flugzeug nach Mallorca«, »mit dem Mercedes nach Sizilien«, lauten unter anderem die Antworten. Daraufhin erzählt Lehrer Johannes Büttner (Wolf Albach-Retty) von einer Radtour nach Burgsteinach, die er einst mit seinen Jugendfreunden Uli und Fritz unternommen hat.

Ulrich (»Uli«) Salandt (Hans Joachim Kulenkampff) ist inzwischen ein bekannter und stets von Frauen bedrängter Schauspieler, der gerade im Knast sitzt – allerdings sind die Gitterstäbe aus Gummi und Teil einer Filmdekoration. Ulis Managerin Koschy (Inge Meysel) reicht ihm das Telefon. Johannes schlägt ein Treffen der Jugendfreunde vor anläßlich der 800-Jahr-Feier in Burgsteinach.

Den gleichen Anruf erhält auch der gestreßte Eierlikör-Fabrikant Fritz Eilers. Seine Ehefrau Malchen (Mady Rahl) vermutet gleich eine Frau dahinter. Sohn Robby (Peter Kraus) mault, weil er statt des versprochenen Volkswagens lieber einen Porsche hätte. Fritz macht sich davon.

Vor dem Haus von Johannes treffen sich Uli, der mit einem Mercedes 190 SL angefahren kommt, und Fritz, der mit Chauffeur in einer amerikanischen Luxus-Limousine anreist. Sie erkennen sich erst nach einigem Zögern. Als Johannes ihnen eröffnet, daß die Reise per Fahrrad (wie einst) und nicht mit dem Auto unternommen werde, beschwert sich Fritz: »Selber treten, wo ist denn da der Sinn?«

Auf geht's. Fröhlich tritt das Trio – kurzbehost – in die Pedale und singt: »Mit dem Rad, Kamerad, geht's hinaus ...« Als man wegen dem »Dicken« (Erhardt) schon bald Rast machen muß, schwärmt dieser von Lendensteaks und Pilsener. Aber die Freunde sind übereingekommen (wie damals) nicht mehr als drei Mark pro Tag auszugeben. Dann übernachten sie aber doch in einem Gasthof, weil ihnen das Aufbauen ihres Zelts zu umständlich ist. Fritz hat seinen Chauffeur mit dem Wagen heimlich folgen lassen und schlemmt jetzt Gänsekeule.

Am nächsten Morgen telefoniert Fritz mit seiner Firma; die anderen schimpfen ihn einen Verräter. Abends stellen sie dann doch ihr Zelt auf. Zwei junge Mädchen, die in der Nähe campieren, schauen ihnen dabei zu. Fritz fällt prompt über das Zelt. Nach dem selbstgekochten Gulasch will Uli »sich die Beine vertreten«. Fritz folgt ihm. Sie plauschen mit den Mädels und geben mächtig an. Johannes gesellt sich ebenfalls dazu. Aber dann schlafen die Drei im feuchten Gras ein – und erwachen am nächsten Morgen mit Rheumatismus. »Das kommt alles vom Radfahren«, konstatiert Fritz. Die Mädels sind weg.

Wenig später trifft das Trio sie wieder: Der Chauffeur spielt Direktor und bewirtet die Damen großzügig. Da kommt auch Fritz' Frau, die sich von Johannes' Frau hat informieren lassen, in ihrem Karmann Ghia angerauscht; nach kurzer Eifersuchts-Szene wegen der Mädchen rauscht sie wieder ab. Sohn Robby braust derweil mit Freundin Katinka (Corny Collins) im neuen – und unbezahlten – Porsche Cabrio durch die Lande.

Die drei Radler schicken – geschickterweise samt Geld und Zelt – ihr Gepäck per Bahn voraus. Uli versucht, auf sein Autogramm Kredit zu bekommen, aber unrasiert und »leger« gekleidet erkennt ihn niemand. Sie rösten sich schließlich geklaute Kartoffeln und schlafen in einer Scheune im Heu. Am nächsten

Gruppenbild mit Damen: ›Immer die Radfahrer‹

Morgen läßt der Bauer, der sie ohne Ausweispapiere dort aufstöbert, sie auf seinem Feld arbeiten. Fritz fährt Traktor, während die anderen im Schweiße ihres Angesichts schuften. Als sie abends Kartoffelsuppe mit Würstchen essen, treffen Robby und Katinka ein. Robby erzählt, wie sie durch Italien »gerauscht« sind. Dann greift er zur Gitarre und singt, daß er »nur singen will«. Papa aber will den Porsche nicht bezahlen. Robby fährt wütend von dannen, Katinka bleibt da und erklärt sich bereit, Teller abzuwaschen. »So 'ne Frau ist doch was Praktisches«, meint Fritz. Katinka darf im Zelt schlafen, die Drei kämpfen draußen mit Ameisen.

Endlich in Burgsteinach angekommen, ergeben sich zahlreiche Verwicklungen. Die drei Freunde treffen auf ihre Jugendlieben beziehungsweise deren Kinder. Johannes' und Fritz' Frau tauchen ebenso auf wie Ulis Freundin Beryl (Katherina Mayberg) samt Managerin Koschy. Am Ende dreht sich alles um eine (unsäglich verkitschte) Freilicht-Aufführung des »Vogelhändlers«. Fritz muß auf die Bühne und das wartende Publikum mit einer Conférence hinhalten. Robby stellt sich auch ein und singt: »Mit Siebzehn kann man so romantisch sein …«– nachdem er gerade für den Papa den Ankauf einer weiteren Likörfabrik in die Wege geleitet hat.

Zum Schluß radeln Fritz und Johannes mit ihren Ehefrauen davon, während Uli mit Freundin Beryl aus einem amerikanischen Cabrio ruft: »Immer die Radfahrer!« … Heinz Erhardt hat immer noch Schwierigkeiten, sich auf dem Fahrrad zu halten.

Der *Evangelische Filmbeobachter* findet für den Film milde Worte – und für Erhardt sogar lobende: »(…) Die älteren Darsteller spielen recht ordentlich, der Nachwuchs erträglich. Sogar Heinz Erhardt spielt seine Rolle und nicht sich selber.«

Äußerst scharfe Worte dagegen findet Dietrich Leder im Mai 1984 in der Zeitschrift *Konkret,* knapp ein Jahr bevor *Immer die Radfahrer* im März 1985 im ZDF zeitgleich gegen den James-Bond-Film *Goldfinger* in der ARD antritt und mit 31 zu 43 Prozent Einschaltquote noch erstaunlich gut abschneidet.

Leder in *Konkret*: »(…) Erhardt, als dritter im Männerbunde, ist Besitzer einer Eierlikörfabrik im Norddeutschen, typischer Aufsteiger der fünfziger Jahre, dieses Attribut verleiht der Film ihm andauernd, und Erhardt muß es gequält spielen: wie anstrengend es ist, reich, kultur- und geistvoll zugleich zu sein und auch noch all die Etikette zu beachten, die man eh für schnurz-

Es darf wieder geschlemmt werden: Wolf Albach-Retty, Heinz Erhardt und Hans Joachim Kulenkampff in ›Immer die Radfahrer‹

piepegal hält. Ein Lustspieltopos sicherlich, durchmengt aber von so einer typischen Lüge der Zeit, als ob die preußischen Junker, der Bumsadel oder die Bergassessoren die Bohne mehr Kultur besessen hätten. Auch daß Erhardt Eierlikör verkauft, hat seine heiteren Seiten, jedenfalls lacht es im Kino immer laut, wenn Erhardt und sein Likör szenisch gepaart werden. Ist ja auch lustig: Erhardt und Eierlikör, das ist wie Adenauer und Kölsch, Brandt und Kognak, Iwan und Wodka, Kilroy und Bourbon.«

Es kommt noch dicker; Leder sieht im Film braunes Gedankengut hochkommen: »Dieser schleimige Pauker will wirklich in die Vergangenheit zurück, die zwanzig übrigen Jahre, die dazwischen lagen und von denen einige ›schrecklich‹ waren, sollen vergessen sein. (...) Rechnen wir vom Produktions- und Erzähljahr 1958 zwanzig Jahre ab, landen wir im Jahr 1938, dem Jahr

des Anschlusses. Ab da herrschte deutsch-österreichisch gesprochen Frieden. (...) Es geht um das Großdeutsche Reich,
deshalb feiert der Film in seinen Außenaufnahmen auch die
österreichische Ferienplatte. Vorne irgendeine Blume (scharf),
dahinter so'n Bergsee, der friedlich vor sich hindämmert (unscharf), mit den Radlern wird die Schärfe nach hinten gezogen,
das Ganze in den rot-braunen Tönen irgendeines billigen Farbmaterials. Werbebilder für die Ferienlager von BdM, HJ, DAF
und der KDF. Deshalb labert der Fähnleinführer, den Albach-
Retty spielt, andauernd von sauberer Luft und klarer Besinnung: ›Das ist doch gute alte Nazi-Tradition: Heile Welt, reine
Luft, Blut und Boden, keine Verfälschung durch jüdische Machenschaften chemischer Art.‹ (Ernst Bloch). Auch das Lob der
körperlichen Anstrengung, die den Radfahrer adelt (Arbeit
macht frei!), kann seine Herkunft nicht verleugnen. Aber dieser
altgewordene HJ-Trupp zelebriert nicht nur Nostalgie, die Vergangenheit wird auch kritisch gegen die Gegenwart gewendet.
Die Auslandssucht der Schüler des Griechischpaukers, die
Grelle und die Oberflächlichkeit der Filmbranche, die dekadenten Ritualen eines neureichen Materialismus, der über die
Stränge schlägt, rauchende Frauen und Negermusik, Hektik
und Streß – das alles erfährt durch die wahre und tiefe Empfindung am deutsch-österreichischen Busen der Natur heftigste
Kritik.«
Und weiter: »Der Idealismus, der hier als Kritiker eines ausgelebten Materialismus zutage tritt, speist sich aus den unterdrücktesten Instinkten. Das Volk will zurück in die Ordnung
des Reiches, in dem alles noch seine Ordnung hatte. Oben oben
war und Unten unten. Die Infantilisierung, die Regression per
Urlaubsreise ist nichts als umgekehrtes deutsches Re-Education-Programm, das die alten Werte wieder in Kraft setzt, eine
moralische Währungsreform; nicht nur faschistische Ordnungsund ›Ehr‹-begriffen verpflichtet, sondern auch all dem reaktionären Gebräu, das in der Nazizeit aufgrund irgendwelcher verqueren ideologischen Implikationen unterdrückt war.«
Ganz *so* weit hergeholt ist das alles nun aber auch nicht, denn
die deutschen Filme der fünfziger und sechziger Jahre und gerade auch die Komödien zeichnen sich leider oft durch reaktionär-
restaurative Rückbesinnung auf »gute« alte Zeiten und »zeitlose« Werte aus – was freilich ganz dem Geist der Ära Adenauer
entspricht.

Oft haben die Filme eine einheitlich-erbauliche Art, den »Generationskonflikt« zu behandeln. So auch *Immer die Radfahrer:* Peter Kraus wird zunächst als Larifari hingestellt, der nur seinen Sportflitzer, seine James-Dean-Klamotten und seine (allerdings eher platt-sanfte) Rock-Musik im Kopf hat. Am Ende besinnt sich der Fabrikantensohn dann aber doch auf kapitalistische Tugenden und greift dem Papa geschäftlich unter die Arme.

In seinem nächsten Film *So ein Millionär hat's schwer,* der im Dezember 1958, fast am gleichen Tag wie Heinz Erhardts übernächster Film *Vater, Mutter und neun Kinder* in die Kinos kommt, spielt der Humorist zwar nicht die Titelrolle, wohl aber einen kleinen Kellner, der Millionär spielen muß. Im Grunde genommen aber ist diese österreichische, von Geza von Cziffra inszenierte Produktion kein Heinz-Erhardt-Film, sondern ein Peter-Alexander-Film.

Eddie (Peter Alexander), schwerreicher, in Cannes an der Côte

›*So ein Millionär hat's schwer*‹: Heinz Erhardt und Peter Alexander

111

d'Azur lebender Besitzer mehrerer Luxushotels, geht das vornehme Getue seiner Bekannten und seiner verlogenen Verlobten in spe so auf die Nerven, daß er sich zu einem befreundeten Kunstmaler (Wolfgang Wahl) nach St. Paul de Vence flüchtet. Dort lernt er die hübsche Hotelfachschülerin Ninette (Germaine Damar) kennen, die dem »arbeitslosen« jungen Mann mit der schönen Stimme einen Job als Parkwächter besorgt, später einen anderen als Kellner in einem seiner eigenen Hotels. Ehe die beiden aber zur Ehe zusammenfinden, landet Eddie noch (samt Alfons alias Heinz Erhardt) im Knast.

Peter Alexander singt außerdem einige Lieder, unter anderem »Venga, venga, musica«, »Hallo, wir leben, hallo, wir lieben«, »Fabelhaft, die Liebe schafft doch alles, was du willst«, und, zusammen mit Heinz Erhardt »Tun Sie's nicht, lassen Sie's lieber sein«.

Heinz Erhardt spielt hier eine ihm schon vertraute Rolle, die eines Kellners beziehungsweise Dieners. Alfons heißt er, und nachdem Eddie und er sich gegenseitig als »verrückten Hund, aber sympathisch« taxiert haben, avanciert er erst zum Vertrauten des Millionärs, dann zu seinem »Onkel« und schließlich zu »Sir Alfons«, der dabei hilft, einem betrügerischen Hotelmanager das Handwerk zu legen. In diesem Zusammenhang gibt es auch einen exotischen Auftritt von Brigitte Mira in der Rolle einer reichen südamerikanischen Witwe.

Im übrigen leistet Heinz Erhardt kaum mehr als einige ulkige Sprüche zum Besten zu geben. Als man ihm einen Mann mit Hund als »Herzog von Baskerville« vorstellt, fragt er: »Welcher ist der Herzog?« Später berichtet er: »Der Hund und der Herzog, wie die sich gebissen haben!« Ein Ölgemälde tauft er »Leda und der Schwamm«, und er fragt sich, womit sich die Leute vor Erfindung des Telefons auf die Nerven gegangen sind. Als echter Nichtschwimmer weigert er sich, im Meer zu baden und einmal meint er: »Ich glaube, ich löse mich jetzt in Luft auf.«

Diesen frommen Wunsch möchte man auch in bezug auf diesen Film äußern – obwohl der deutsche, Verzeihung, österreichische Film Schlimmeres hervorgebracht hat. Das Urteil der Kritik: »Dümmlich und leichtfertig« *(Katholischer Filmdienst)*, »anspruchsloser Unterhaltungsfilm mit Musikeinlagen auf einem niederen Niveau« *(Evangelischer Filmbeobachter)* – wobei mit dem Niveau grammatikalisch wohl nicht die Musikeinlagen gemeint sind, obwohl auch das zutreffen würde.

Muß kleine Brötchen backen: Erhardt in ›Vater, Mutter und neun Kinder‹

In *Vater, Mutter und neun Kinder* (1958), wie *Witwer mit fünf Töchtern* wieder von Erich Engels inszeniert und wieder in Göttingen gedreht, verkörpert Heinz Erhardt erneut einen Familienvater in einem Familienfilm – diesmal einen biederen Bäckermeister namens Friedrich Schiller, wohnhaft in Einbeck. Dichten tut er allerdings nicht; er backt eher kleine Brötchen respektive Pastetchen, was ihn in arge Bedrängnis bringt.

Die Bedrängnis sitzt mit übereinandergeschlagenen, gutgewachsenen Beinen in Gestalt der leichtlebigen Konzernchef-Gattin Lollo Küppers (Maria Sebaldt) auf der Motorhaube ihres liegengebliebenen Opel Kapitän. Friedrich Schiller, der kurz zuvor in einer Rede vor Bäckerlehrlingen erklärt hat, »ich habe neun Kinder und bin stolz darauf«, bringt die aufregend aussehende Dame galant, wie er nun einmal ist, mit seinem Opel Rekord in ihr Jagdhaus und läßt sich zu einem Drink einladen. Er bedankt sich ständig.

Die Bäckerfamilie speist derweil ohne den Meister. Der ruft an, er sei aufgehalten worden und habe eine schwere Sitzung. Diese besteht darin, daß er besagte Pastetchen bäckt. Dann singt er mit Lollo, was sicher mit an den bis dahin genossenen Kognäkchen liegt: »Wir leben, wir lieben, wir lachen ...« – und sie tanzen, wobei Friedrich kokett das Schürzchen rafft, das er gerade trägt (übrigens ein wiederkehrendes Motiv in den Erhardt-Filmen – die Schürze). Obendrein klopft er der Dame auf den Hintern. »Der Meister darf dem Lehrling schon mal eins auf die Brötchen geben«, meint er. Als Lollo später bei ihm auf dem Schoß sitzt, hat er nur noch einen Wunsch: Man möge das Fenster schließen, es ziehe so.

Am nächsten Morgen hat er Kopfschmerzen und motzt in der Backstube herum. Sein Gehilfe Anton (Willy Millowitsch) weist ihn darauf hin, daß die Knetmaschine kaputt ist. Als seine älteste Tochter vorbeikommt, beschwert er sich, daß ihr Ehemann, von Beruf Maler, ein »Nichtstuer« sei und »nicht in eine Handwerkerfamilie paßt«. Wenig später besucht Friedrich den Maler, der gerade ein Modell malt, das nur mit einem Korsett bekleidet ist. »Das ist doch die Höhe«, mokiert sich Friedrich und will gegen den Ehemann seiner Tochter auf Scheidung klagen.

Etwa drei Viertel des Films über lebt Friedrich, der mit seiner gütig-gestrengen Ehefrau Martha (Camilla Spira) bald Silberne Hochzeit feiern wird, in ständiger Angst davor, daß sein »Seitensprung« entdeckt wird. Erst erfährt seine Frau beim Metzger, daß es gar keine Sitzung gegeben hat. Dann findet eine Putzfrau das Tagebuch der Lollo Küppers, in dem sie ausführlich über ihr Lotterleben mit ihren Liebhabern berichtet. Daraus will ausgerechnet Friedrichs Tochter Thea, die Zeitungsvolontärin ist, eine Artikelserie machen. Friedrich will zu Küppers' Anwalt, gerät aber versehentlich an den Vertreter von Müller I statt an Müller II.

Am Abend nach der Silberhochzeitsfeier »beichtet« er dann seiner Frau: »Laß uns ganz offen lügen, eh, reden.« Er erklärt: »Aber passiert ist ganz bestimmt nichts!« Gemeinerweise meint Martha dazu: »Davon bin ich überzeugt« – und sie ömmelt sich auch noch über die Pastetchen. Sie selbst sucht dann Konzern-chef Küppers auf, der ihr eine Tagebuchstelle über einen gewissen »Schiller« vorliest. Ehefrau Lollo kommt dazu und klärt auf, daß damit *Karl* Schiller, einer von Friedrichs Söhnen gemeint ist.

In der übrigen Zeit schildert der Film das Alltagsleben der Familie Schiller und einiger Randfiguren. Lene, mit 24 Jahren die älteste Tochter, erlebt mit ihrem Ehemann Klaus, dem Maler, den obligaten Krach des ersten Ehejahres. In die 23jährige Re-

Heinz Erhardt mit Filmtochter Maria Sebaldt in ›Vater, Mutter und neun Kinder‹

115

gine, von Beruf Stewardeß, verliebt sich der forsche Franzose Dupont, seines Zeichens Spielzeughersteller. Als er für sie ein Hotelzimmer reserviert, weist sie das entrüstet zurück. Daraufhin macht er ihr einen Heiratsantrag.

Der 21jährige Karl besucht die Seemannsschule und kommt hauptsächlich im Tagebuch der Lollo Küppers vor. Zeitungsvolontärin Thea, 20, rührt in ebenjenem Skandal, ohne zu wissen, was sie da anrichtet. Der 18jährige Hans hilft dem Vater in der Backstube; er soll später einmal das Geschäft übernehmen. Er verspürt die ersten zarten Liebesregungen, die aber ausgerechnet seiner 17 Jahre alten Schwester Luise gelten, die diese Gefühle auch erwidert. Glücklicherweise stellt sich heraus, daß Luise eine adoptierte Waise ist: Martha hatte sie als elternloses Baby in einer Bombennacht an sich genommen.

Die 14jährige Anni hat, weil sie mit ihrem Freund Clemens die Schule geschwänzt hat, »feste Heiratsabsichten«. Eduard, 13, genannt Ede, führt als typischer Lausbub hauptsächlich Unsinn im Sinn und auch aus, während das 7jährige Julchen (wieder: Elke Aberle) sich als Künstlerin entpuppt: In einem Kurzauftritt will Werner Finck, der die Werke des Malers Klaus in Augenschein nimmt, ein Bild erwerben, das Julchen zusammengekleckst hat – soviel zum Thema »moderne« Kunst.

Auffallend ist der – im Rahmen dieses Familienfilms freilich harmlose – erotische rote Faden, der sich durch die Handlung zieht. Aufschlußreich, wie er aussieht: Die lotterhafte Lollo und das Modell im Korsett wurden schon erwähnt; ebenso verbale Anzüglichkeiten; ausgezogen, das heißt in weißen Miedern zeigen sich vier Schiller-Töchter, als sie sich für die Silberhochzeit ankleiden und Vater Friedrich dazukommt, den sie heftig herzen. Am besten aber faßt es der etwas tumbe Gehilfe Anton zusammen, dem das Hausmädchen Rosl (vergeblich) nachstellt: »Immer die Erotik bei dene Weiber!«

Heinz Erhardt ist ein so typischer Fünfzigerjahre-Vater und seine Familie ist eine so typische Fünfzigerjahre-Familie, daß man es im Kopf kaum aushält. Da fehlt weder das Bild mit dem röhrenden Hirsch über dem Ehebett (und man fragt sich, ist das nun *ironisch* gemeint?), noch der gute Ratschlag an die Kinder: »Iß, damit du was wirst!« Kaum aber kommt unerwarteter Besuch, gerät die Mutter in Panik – wie peinlich, das Essen könnte nicht reichen – und die armen Kinder müssen auf ihre geliebte Ente und obendrein auch noch auf ihren Pudding verzichten.

Papa rockt mit: ›Vater, Mutter und neun Kinder‹

Hochmuskalisch – Hausmusik gehört zum guten Ton! – ist diese Familie auch. Beim sonntäglichen Ausflug aufs Land singt man im Chor: »Fröhliche Fahrt mit Musik in den Sonnenschein …« Einmal spielt Friedrich das Lied »Zur Liebe ist es nie zu spät,/ auch dann nicht, wenn der Herbstwind weht./ Die Jugend und der Mai/gehen so schnell vorbei,/doch unser stilles Glück besteht …« Die Kinder kommen dazu mit diversen Instrumenten und dann legen alle zusammen eine fetzige Nummer hin: »Blue Jeans sind so praktisch, so nett …« Tja. Und zur Silberhochzeit singen die Sprößlinge: »Die 25 Jahre waren wunderbar …« Heinz Erhardt mimt hier erneut einen Vater, der wie aus dem Leben gegriffen ist: Aufbrausend, aber doch gutmütig und gutherzig, immer ein offenes Ohr für die Fragen des Nachwuchses (»Was ist das Deutsche Reichsgericht?« – »Eisbein mit Sauerkraut«), voller Verklemmungen und dumpfer Doppelmoral.

Camilla Spira und Heinz Erhardt mit Filmenkeln in ›Vater, Mutter und neun Kinder‹

Als die Ehefrau verlangt, daß er Sohn Ede gegenüber ein Machtwort sprechen soll, weil der eine Fensterscheibe eingeschmissen hat, versetzt er ihm erst eine Ohrfeige und schreit ihn an – und im nächsten Augenblick schickt er ihn ganz sanft und freundlich in die Schule.

Nachdem am Ende des Films eine Doppelhochzeit der Töchter Thea und Regine stattgefunden hat, sagt Friedrich zu seiner Frau: »Nochmal so'n Stall voller Kinder, das kommt nicht in Frage – mit mir nicht!« Und prompt sitzen sie in der nächsten Szene mit elf Enkelkindern da.

Wer es bis dahin immer noch nicht begriffen hat, dem bringt das Schlußlied die Botschaft noch einmal: »Eine glückliche Familie ist das schönste auf der Welt/weil sie so zusammenhält wie Pech

und Schwefel; dies Glück gibt's nur für Liebe, nicht für Geld.«
Dem ist schwerlich etwas hinzuzufügen.

Warum auch immer – Geheimnisse und dunkle Stellen müssen sein – im nächsten Jahr, dem letzten der unbeschwerten Fünfziger, macht Heinz Erhardt, was seine Filmcharaktere anbetrifft, eine totale Kehrtwendung: Er wird tyrannisch, bösartig, miesepetrig, anarchistisch und subversiv. Allerdings nur für kurze Zeit – und im Grunde genommen auch nicht wirklich.

4. Gerangel mit dem Gesetz: 1959

Im letzten Jahr der Fünfziger faßt die Zeitschrift *magnum* in einem Artikel über »Das Leben nach 45« die zwiespältige, ambivalente Grundstimmung jener Zeit kurz und knapp (und treffend) so zusammen: »Wir schaffen für eine Zukunft, an die wir nicht zu denken wagen.«

Obwohl Präsident Eisenhower und Premier Chruschtschow bei einem Gipfeltreffen in Camp David eine Politik der »friedlichen Koexistenz« vereinbaren, wird daraus nicht viel. Als Fidel Castro 1959 Kubas neuer kommunistischer Regierungschef wird, kündigt sich damit schon eine kommende Krise an, die nur knapp an einem Krieg der Supermächte vorbeiführt.

Heinrich Lübke wird als Nachfolger von Theodor Heuss 1959 der zweite Bundespräsident der Republik und sorgt in seinen Reden gelegentlich für unfreiwilligen Humor, besonders wenn er Englisch zu sprechen versucht. Die SPD verabschiedet im gleichen Jahr ihr »Godesberger Programm«, das eine klare Distanzierung vom Marxismus enthält und bürgerlichen Wählern den Zugang zu den Sozialdemokraten erleichtern soll. Zehn Jahre später macht sich diese Kurskorrektur bezahlt.

Der Günter-Grass-Roman »Die Blechtrommel«, die deutsche Ausgabe von Nabokovs »Lolita« und (ein Jahr später) Federico Fellinis Film *La Dolce Vita – Das süße Leben* lösen in bundesdeutschen Zeitungen und Zeitschriften eine erregte Diskussion zum Thema Sex aus. Die jährlichen Durchschnittsausgaben der Bundesbürger nehmen sich im Vergleich zu den achtziger Jahren damals ziemlich bescheiden aus: 180 DM für Alkohol, 121 DM für Tabak, 30 Mark für Auslandsreisen, ebensoviel für Kosmetik.

Die deutschen Kinotheater sind noch gut besucht im Jahr 1959.

Man schätzt Monumentalfilme wie *Ben Hur* und *Windjammer,* aber auch Bernhard Wickis kritischen Kriegsfilm *Die Brücke* und Alain Resnais' Duras-Verfilmung *Hiroshima mon amour.* Freddy landet mit »Die Gitarre und das Meer« einen seiner großen Hits, Peter Alexander singt von »Mandolinen und Mondschein«, und Peter Kraus nimmt den Klassiker »Sugar Baby« auf.

Heinz Erhardt macht mit seinem 13. Spielfilm augenscheinlich eine totale Kehrtwendung. Aus dem liebenswerten Trottel wird 1959 hintereinander ein tyrannischer Hauswirt, der sogar im Knast landet, ein bärbeißiger Polizist, der Autofahrer nicht ausstehen kann und mit größtem Vergnügen Strafzettel austeilt, und ein Drillings-Paar – halt, das ist ein Widerspruch! – also er spielt Drillinge, die sich gegenseitig nach Kräften übers Ohr hauen.

In Wirklichkeit aber erweitert Erhardt nur die Bandbreite seines Film-Humors. War er bisher immer der Gutherzige und Gutmütige, dem so manches schiefgeht, so spielt er jetzt den trotzigen Trottel, der heftig zurückschlägt, der dabei aber gleich so sehr über die Stränge schlägt, dabei gleich so stark übertreibt, daß es schon wieder saukomisch ist. Im Grunde genommen bleibt er ganz der alte, auch wenn er sich zunächst auf ein granterlerisches Gerangel mit geschriebenen (und ungeschriebenen) Gesetzen einläßt. Außerdem wandelt er sich am Ende der Filme jeweils zum Besseren.

Der Haus-Tyrann, der 1959 als erster Heinz-Erhardt-Film in die Kinos kommt, ist allerdings schon der vierte Aufguß des Erfolgsschwanks *Das Ekel* von Toni Impekoven und Hans Reimann. 1931 erstmals mit Max Adalbert verfilmt, verantwortet Hans Deppe, der auch die neue Erhardt-Version inszeniert, bereits 1939 eine UFA-Fassung mit Wiens »Nuschelkönig« Hans Moser in der Titelrolle. 1957 nimmt sich das Fernsehen des Stücks an und setzt es mit Willy Millowitsch in Szene. 1969 schließlich entsteht eine weitere TV-Fassung, wieder mit Millowitsch.

Herr Perlacher (Heinz Erhardt) liegt seit zwei Jahren mit Frau Hartung (Grethe Weiser) im Streit. Sie ist seine Untermieterin, die über ihm wohnt. »Das einzige Recht, das Sie haben, ist auszuziehen«, schnauzt er sie schon gleich zu Anfang an. Ihn nerven vor allem die Musikstunden, die Frau Hartung gibt, ganz zu schweigen von ihrem schrillen Mundwerk.

›Der Haus-Tyrann‹

Perlacher betreibt ein Café, vertreibt aber meist die Gäste, getreu seinem Motto: »Mit Liebenswürdigkeit kommt man nicht weit, da denken die Leute nur, man sei im Unrecht.« So mault Perlacher eine Kundin an, sie solle das Kreuzworträtsel gefälligst mit Bleistift ausfüllen, damit man es wiederverwenden kann. Einen anderen Gast motzt er an, er nehme zu viele Zeitungen auf einmal. Bei einem dritten beschwert er sich, daß er die sechs Stück Zucker in seinem Kaffee nicht umrührt. Das alles veranlaßt den gutmütigen Kellner Gottlieb (Rudolf Platte) zu der Bemerkung: »Manche Leute haben ein so dickes Fell, daß sie ohne Rückgrat herumlaufen können.«

Beim Tanken mißt Herr Perlacher mit einem Zentimetermaß im Tank nach; außerdem läßt er sich »den Liter aus dem Schlauch« in eine Flasche füllen. Als sein kleiner Sohn Alex ihn

121

Mercedes gegen Messerschmitt: Heinz Erhardt, Peter Vogel und Grethe Weiser in ›Der Haus-Tyrann‹

eines Tages »Blinddarm« nennt, weil er immer so gereizt ist, knallt er ihm eine. Was Alex zu dem Rachegedanken veranlaßt: »Wenn ich mal groß bin, schlage ich meine Kinder auch!« Perlachers Schwester Trude, die den Haushalt führt, bekommt auch nie ein freundliches Wort zu hören.
Perlachers Räumungsklage wird abgewiesen. Also schreibt er einen gesalzenen Brief an den Amtsrichter. Daraufhin erscheint der Polizist Rübsam (Beppo Brehm), um den Tatbestand der Beamtenbeleidigung zu untersuchen. Aber das Wort »Vollidiot« sei doch durchgestrichen und durch »Halbidiot« ersetzt, verteidigt sich Perlacher. Dann nennt er den Polizisten einen »Nachtwächter« und brüllt: »Ihr könnt mich alle miteinander, und der Polizeipräsident kreuzweise!«

Danach muß er vor dem Untersuchungsrichter erscheinen. Mit seiner Zigarre setzt Perlacher beinahe dessen Schreibtisch in Brand. Als der Untersuchungsrichter den Querulierenden nach einiger Zeit genervt auffordert, er solle den Mund halten, sagt Perlacher kein einziges Wort mehr. Zu Hause verteidigt er sich damit, das Götz-Zitat sei »erstens von Goethe und zweitens stellt es eine Einladung dar, und der braucht ja niemand zu folgen.«

Bei der Gerichtsverhandlung tritt Perlacher als sein eigener Verteidiger auf und weigert sich, auf der Angeklagten-Bank Platz zu nehmen. Er packt erst einmal eine Thermosflasche, eine Brotzeit und das Grundgesetz aus. Letzteres will er später dem Richter »erklären«, und schon bald schreit Perlacher im

Heinz Erhardt und Rudolf Platte in ›Der Haus-Tyrann‹

Gerichtssaal herum. Als er für fortgesetzt ungebührliches Verhalten schließlich insgesamt 14 Tage Haft an Ordnungsstrafen angesammelt hat, ergreift Frau Hartung seine Partei, beleidigt ihrerseits den Staatsanwalt und bekommt dafür ebenfalls Haft. Nach Verbüßung ihrer Gefängnisstrafen treffen sich Herr Perlacher und Frau Hartung in einem Park vor einer Litfaßsäule, auf der ein Plakat hängt:»Oktoberfest das ganze Jahr!« Gemeint ist eine Filmdekoration. Die beiden versöhnen sich; er lädt sie in sein Café ein, das in einer gemeinsamen Aktion von Kellner Gottlieb, Perlachers Tochter Inge (Helga Martin) und ihrem Freund Hannes (Peter Vogel), dem Neffen von Frau Hartung, umgebaut wird – zu einem Jazz- und Tanz-Schuppen.

»Kein Mensch wird kommen«, braust Perlacher auf – und in der nächsten Szene ist der Laden gerammelt voll. Willy Hagara singt »Für schöne Frauen habe ich immer Zeit …«, die Kasse klingelt, und Perlacher ist plötzlich die Freundlichkeit in Person, gibt sogar Sekt aus. Der Dame mit dem Kreuzworträtsel hilft er bei einem Wort mit vier Buchstaben: »Ende« sagt Perlacher in die Kamera.

Die Kritik ist damals von dem »neuen« Heinz Erhardt sehr angetan. »Heinz Erhardt erweist sich als famoser Bürgerschreck und hat seine bisher beste Rolle. Grethe Weiser steht ihm nicht nach«, schreibt die *Rheinische Post* am 14. Februar 1959. »Auch im Kehricht, der aus deutschen Ateliers gekehrt wird, findet sich hie und da eine Perle. So in dem Film *Der Haus-Tyrann*. Heinz Erhardt, dick und kurznackig, spielt hier nicht einen Haustyrannen, sondern einen Dauernörgler so beklemmend echt und einfallsreich, daß es ein Spaß ist, ihm zuzusehen«, urteilt die Basler *Nationalzeitung* am 20. Juni 1959.

»Zu Beginn läßt sich das recht komisch an, zumal Heinz Erhardt den Typ des ›Ekels von Natur‹ offenbar mit heller Freude mimt. Ein kontrastreicher, schneller Szenenwechsel erhöht die Freude am drolligen Spiel«, meint der *Katholische Filmdienst*. Der angesprochene schnelle Szenenwechsel besteht darin, daß in einer Parallelhandlung das heimliche Verhältnis von Inge und Hannes geschildert wird, von dem Perlacher nichts wissen darf. Außerdem schwänzt Inge gelegentlich die Hotelfachschule, um mit Hannes in einer Lagerhalle mit einer Jazz-Band zu üben, der der Schlagerstar Willy Hagara Starthilfe gibt. Inge ist die Pianistin. Ansonsten schwärmt sie mit Hannes schon von der künftigen gemeinsamen Wohnung: »Jede Ecke wird anders tapeziert …

›Trinkt Sekt, der schmeckt‹: Versöhnung am Ende von ›Der Haus-Tyrann‹

Hinter das Sofa muß Bast … Alle Räume in warmen Tönen …«
Schon erschreckend, was die Jugend damals so im Kopf hatte.
Jedenfalls im deutschen Film.

Ein »Generationskonflikt« kommt auch in Heinz Erhardts zwei-
tem 59er Film vor, *Natürlich die Autofahrer.* Herr Dobermann
(Heinz Erhardt) ist nicht nur überzeugter Radfahrer, sondern
auch ein diensteifriger Verkehrspolizist. Auf seiner Kreuzung
ist er König. Als der junge Walter (Erik Schumann) ein Hand-
zeichen übersieht, erteilt ihm Dobermann erst eine Lektion und
dann eine gebührenpflichtige Verwarnung.

Das gleiche Schicksal erleidet kurz darauf eine Dame in ihrem
Kombi (Ruth Stephan). Nachdem Dobermann sie gestreng als
»Frau Schmalbach« verwarnt hat, nennt er sie »Jutta« und lädt
sie zur Einweihung seines neuen Eigenheimes ein. Das hat Witwer Dobermann für seine drei Kinder gebaut. Die älteste Toch-

125

›Natürlich die Autofahrer‹: Heinz Erhardt bläst Ruth Stephan den Marsch

ter Karin (Maria Perschy) verabredet sich ausgerechnet mit Walter, dessen Vater ein Autogeschäft besitzt und der obendrein Rennfahrer ist.

Die Polizeikapelle, in der Dobermann die Tuba spielt, erscheint zur Einweihung. Dobermann lädt sie alle in »das Anwesen, in dem ich mein Unwesen treibe« ein, damit »das Haus und wir alle voll werden«. Abends freut sich Dobermann über die Stille im neuen Heim. Kurz darauf fahren draußen schwere Laster vorbei, und der Putz rieselt von der Decke. Dobermann stoppt einen LKW und erfährt von einer neuen Umleitung. Am nächsten Morgen verpaßt er um Punkt 8.30 Uhr einem LKW-Fahrer einen Strafzettel, weil die Innenstadt ab 8.30 Uhr für Laster gesperrt ist.

Nach Feierabend besucht Dobermann Jutta; er bringt ihr Blumen mit. Sie besitzt einen Blumenladen. »Was war das für ein komischer Kerl?«, fragt er, nachdem ein Kunde namens Karl Bierbaum (Peter Frankenfeld) den Laden verlassen hat. »Er sieht aber gut aus«, sagt Jutta. »Ich möchte bloß wissen, wo«, antwortet Dobermann.

In den »Marmorsälen« findet ein TV-Quiz mit Bob Iller statt. Dobermann meldet sich, weil es um Verkehrsprobleme geht. Ebenso Bierbaum. Auf einem Stadtmodell sollen die Kandidaten mit Spielzeugautos die kürzeste Strecke quer durchfahren. Dobermann verzettelt sich und bleibt auf der Strecke.

Als er später Jutta und Bierbaum zusammen im Auto sieht, überfährt er mit seinem Fahrrad ein Stop-Schild. Ein Polizist (Günther Ungeheuer) verdonnert ihn zu Verkehrsunterricht – den er selber hält. Zu Hause tanzt die Jugend zum »Cowboy Mambo«. Dobermann mokiert sich, »Das sollte wohl eben Musik sein«, und legt ein Trompetensolo hin, in das die anderen in

Die erste Fahrstunde: Trude Herr und Heinz Erhardt in ›Natürlich die Autofahrer‹

127

schnellem Tempo einfallen. Bierbaum sitzt mit Jutta auf der Terrasse des Nachbarhauses. Dobermann schickt die Band raus zum Krachmachen.

Wieder bei der Arbeit, stoppt Dobermann eine Autofahrerin (Edith Hancke), die sich ihrer guten Beziehungen »vom Bürgermeister bis zum Kultursenator« rühmt. Dobermann zeigt sie trotzdem an. Wie sich später herausstellt, ist sie die Frau des Polizeipräsidenten. Der zahlt die Strafe. »Das war das erste Strafmandat, seit ich bei der Polizei bin«, sagt der Präsident. »Hoffentlich auch das letzte«, erwidert Dobermann.

Während er einen Zaun baut, sieht Dobermann im Fernsehen Walter bei der Siegerehrung nach einem Autorennen und haut sich auf die Finger. Tochter Karin erklärt, sie wolle ihn heiraten. Dobermann ist entsetzt: »Der hat ja mehr Freundinnen als Autos!« Als Walter zu Besuch kommt, wirft er ihm vor: »Sie haben sich auf dem Bildschirm öffentlich küssen lassen!« Walter hebt an: »Lieber Herr Wachtmeister ...« Dobermann korrigiert: »Lieber Herr Hauptwachtmeister!«

Beim Fest des Polizeisportvereins tritt Dobermann im bunten Programm als Polizist im Wandel der Zeiten auf: als Römer, mit Pickelhaube, mit Hitlerschnurrbart, in moderner Uniform. Walter macht Karin einen Heiratsantrag – und gewinnt bei der Tombola den Hauptpreis, ein VW-Kabrio. Es soll das Verlobungsgeschenk sein. Karin schiebt das Gewinnlos ihrem Vater unter.

Als Dobermann den Gewinn abholen will, erklärt der von Walter instruierte Verkäufer, ohne Führerschein gehe das nicht. Als er sich daraufhin zum Fahrkurs anmeldet, gibt er seinen Beruf als »Pol – Polsterer« an. Das Motto der Fahrlehrerin (Trude Herr) lautet: »Nur nicht nervös werden!« Das läßt sich Dobermann nicht zweimal sagen; nachdem er beim Anfahren das Auto gleich gegen eine Mauer gesetzt hat, fragt er: »Welchen Wagen nehmen wir jetzt?« Bei der Fahrstunde beschimpft er Fußgänger, erzwingt sich die Vorfahrt, flucht in einem fort. Nachts fährt er alpträumend im Bett weiter.

Bierbaum lädt Jutta zu einer Urlaubsreise ein. Sie lehnt aber ab. Dobermann, der das nicht weiß, schnauzt sie an: »Wenn du fährst, dann heirate ich dich, und dann verbiete ich es dir!« Bei der Prüfungsfahrt stellt sich heraus, daß Bierbaum der Prüfer ist. Als sie bei der Prüfung einem Polizeiwagen begegnen, der hinter Gangstern herrast, macht sich Dobermann gleich mit an

Nur nicht nervös werden: Herr und Erhardt in ›Natürlich die Autofahrer‹

die äußerst halsbrecherische Verfolgung. Dummerweise ruiniert er dadurch Filmaufnahmen, zu denen das Ganze gehört. »Bestanden«, erklärt Bierbaum und hofft, nie wieder mit ihm fahren zu müssen.

Zum glücklichen Schluß steigen die Kinder samt Jutta und Walter ins Auto und Dobermann düst sonnenbebrillt davon. Ein Polizeiwagen stoppt ihn, und der Polizist (Ralf Wolter) verwarnt ihn mit fünf Mark, weil Dobermann statt erlaubter 30 km/h stolze 60 gefahren ist. Der Titelsong »Seid doch nett zueinander in Zukunft ...« ertönt, und auf einem Ortsschild steht »Ende«.

Darin, daß Dobermann päpstlicher als der Papst (beziehungsweise der Polizeipräsident) ist, liegt gerade das intendiert Komische. Denn Dobermann ist im Innern seines Herzens eben nicht

129

Familienausflug im neuen VW: ›Natürlich die Autofahrer‹

der Unsympath, den sein Name ankündigt. Harte Schale, weicher Kern: Als Tochter Karin weint, weil er sich so gegen Walter ausgesprochen hat, erklärt er sanft: »Nicht weinen, sonst muß ich auch weinen!« Überhaupt tut er ja alles nur für seine Kinder Karin, Gisela und Felix. Für sie hat er das Haus gebaut, hier soll es ihnen einmal gut gehen, und ihretwegen will er sogar auf eine erneute Heirat verzichten – der »olle Vati«, wie er sich selbst einmal nennt.

Selbst die Tatsache, daß die (kleineren) Kinder nur diese neumodische Musik und sonstigen Unsinn im Sinn haben, sogar, daß Karin in einen Auto-Fan vernarrt ist – das alles kann er letztendlich verkraften und auch billigen. Aber mehr als die Botschaft »Seid nett zueinander!« ist in dieser Komödie dann doch nicht drin.

Vielleicht regt sich der *Evangelische Filmbeobachter* deswegen so auf: »(...) Man höre doch endlich auf, einen bescheidenen Erfolg *(Immer die Radfahrer)* durch künstliche Fortsetzungen in Mißkredit zu bringen! Man hat nicht nur den Titel, sondern auch das Schauspielerteam auseinandergerissen. *Immer die Mädchen* mit Kulenkampff gelang daneben. *Natürlich die Autofahrer* mit Erhardt ist gleichfalls eine Niete geworden. Selbst der eilig als Kuli-Ersatz beschaffte Peter Frankenfeld rettet sich nur mühsam in eine Eigenparodie und tut sich scheinbar selber leid dabei!«

Wohl weil die Fahrstunde und die Fahrprüfung, die beides komische Glanznummern des Films sind, nicht zuletzt auch durch die Kombination Trude Herr/Heinz Erhardt so gut beim Publikum ankommen, steckt man die beiden für den nächsten Erhardt-Film *Drillinge an Bord* wieder zusammen. Und weil

›Drillinge an Bord‹

Heinz Erhardt sich verdreifacht, darf sich auch Trude Herr – wenn auch nur in einer Szene am Ende – ebenfalls verdreifachen.

Die Kollegen vom ZDF, die *Drillinge an Bord* am 14. Juni 1969 ausstrahlen und am 16. Januar 1984 wiederholen, beschreiben den Inhalt so: »Die Brüder Eduard, Otto und Heinz Bollmann (Heinz Erhardt) sind Drillinge und leben in Eintracht zusammen. Eduard, der Älteste, ist Chorsänger und komponiert heimlich, Otto ist Werbetexter, Heinz, der Jüngste, besorgt den gemeinsamen Haushalt. Er ist heute besonders froh gestimmt, denn gerade wird in einem Schlagerwettbewerb des Fernsehens ein Lied gespielt, dessen Musik Eduard komponiert, dessen Text Otto geschrieben und das Heinz ohne Wissen seiner Brüder eingeschickt hat. Der 'Drillingsschlager' (…) gewinnt den Wettbewerb und ein Bollmann damit eine Seereise zu den Ka-

Ganz schön erstaunt: Ingrid van Bergen und Heinz Erhardt in ›Drillinge an Bord‹

Bollmann ballert los: Heinz Erhardt und Trude Herr in ›Drillinge an Bord‹

narischen Inseln. Doch welcher Bollmann hat nun gewonnen? Der pfiffige Heinz löst die Frage zunächst auf seine Weise. Es gelingt ihm, den Preis vor seinen Brüdern in Empfang zu nehmen. Der Streit der Drillinge darum, wer von ihnen die Reise wirklich antritt, führt zu keinem Ergebnis. Als Heinz es sich in seiner Luxuskabine gemütlich machen will, liegt Eduard bereits in der Badewanne, und Otto entsteigt dem großen Schrankkoffer. Jedenfalls müssen die Drei nun einer sein. Das stiftet allerlei Verwirrung, denn wie muß einem Friseur zumute sein, wenn innerhalb einer halben Stunde derselbe Herr dreimal zum Rasieren erscheint, oder dem Kellner, der einem Gast dreimal das Menü servieren muß?«

»Die Gebrüder Bollmann wissen dagegen nicht, daß sie in Gefahr sind. Der Detektiv Fred Larsen und seine Assistentin Rita (Peter Carsten und Ann Smyrner) suchen an Bord eine Bande berüchtigter Juwelendiebe und verdächtigen den Bollmann, dem sie gerade begegnen, als Gangsterboß. Die gut getarnten Diebe wiederum haben Wind davon bekommen, daß ein Detektiv ihnen auf der Spur ist. Sie meinen selbstverständlich, in den Bollmanns ihren Gegner erkannt zu haben. So schweben Eduard, Otto und Heinz in ständiger Lebensgefahr, und sie ahnen nichts davon. Verschiedene Mordanschläge deuten sie als unglückliche Mißgeschicke – bis ein Drillingsbruder den Gangstern im Tresorraum des Luxusdampfers gegenübersteht.«

Die Gangster Emilio, Mac und Bobo werden von Paul Dahlke, Günter Pfitzmann und Billy Mo (der mit der Trompete) dargestellt. Ihren Lockvogel Diana spielt Ingrid van Bergen. Den Song »Charming Boy«, der alles ins Rollen bringt, singt Paul Kuhn. Regisseur Hans Müller, der noch wiederholt mit Erhardt arbeiten wird und auch einige seiner TV-Filme inszeniert, und Kameramann Erich Claunigk nutzen alle Möglichkeiten der Tricktechnik, und so sind die drei Brüder mehrmals gleichzeitig im Bild zu sehen, ohne daß im geringsten auffällt, wie das gemacht worden ist.

Heinz Erhardt gelingt es, die Brüder durch kleine Nuancen als unterschiedliche Charaktere darzustellen. Verschiedenartige Brillen und Frisuren helfen dabei. Heinz, das »Küken« der drei Brüder – er ist zehn Minuten nach den anderen zur Welt gekommen – ist der sanfteste; Eduard beendet fast jeden Satz mit »und dergleichen«, während Otto sich durch pompöses Gehabe auszeichnet.

Trude Herr porträtiert, mit schwerem amerikanischen Akzent, die schwerreiche »Lady Zocker« – in Wirklichkeit ist sie aber nur deren Gesellschafterin »Carmen Miller«. Nachdem sich die Bollmanns als Drillinge entpuppt haben, macht sie einen »Kußtest«, um ihren Heinz unter den anderen herauszufinden. Und zum Schluß schleppt sie noch zwei Zwillingsschwestern an, was Heinz zu der Bemerkung veranlaßt: »Das ist, das ist …« und dann erscheint der Titel »Das Ende – und dergleichen.«

Ansonsten erschöpft sich der Verbal-Humor der Bollmänner in Fragen wie »Ist das Schiff schon oft untergegangen?«, in gute Ratschläge wie »Singe, wem Gesang gegeben, wer's nicht kann, soll einen heben« oder »Trink Sekt, der schmeckt!« Als sich vor Heinz einmal eine Bauchtänzerin zu ausgiebig produziert, sagt

Lady Zocker mit einer wegwerfenden Handbewegung »Es ist gut«, und Heinz stimmt zu, die Tänzerin meinend: »Es ist gut!« Die Presse fand's nicht so gut: »Wenn Heinz Erhardt sich verdreifacht, geht es nicht mehr höher. (…) Und dann dürfen auch drei hübsche Mädchen nicht fehlen: Diese, jüngster Sternchen-Nachwuchs, sind noch das Erfreulichste bei den turbulenten Ereignissen. Sonst fragt man sich, ob man über die neuesten uralten Kalauer mehr lachen kann als über das monotone Geräusch der Bartwickelmaschine«, meinen die *Aachener Nachrichten* am 6. Februar 1960. Die *Süddeutsche Zeitung* schreibt am 1. Februar 1960: »(…) Die 3 Erhardts' schusseln so lange auf einem Ozeanschiff herum (Weltvertrieb des Films: Transocean), bis alle Verwechslungsmöglichkeiten aber auch partout erschöpft sind.«

Grundsätzliche Gedanken macht sich diesmal der *Evangelische*

Zwei gegen einen: Günter Pfitzmann, Heinz Erhardt und Paul Dahlke in ›Drillinge an Bord‹

Filmbeobachter: »Heinz Erhardts Filme haben ihr bestimmtes Publikum. Und das mit Recht. Der Komiker hat eine originale Art und trifft den Geschmack vieler Leute. Aber mit seinen Filmen geht es leider abwärts. Die werden immer schlechter. Und zwar kann man sich nicht des Eindrucks erwehren, daß sie zu wenig vorbereitet, zu schnell gedreht und zu eilig auf den immer weniger besuchten Markt geworfen werden. (…) Heinz Erhardt ist für sowas nicht der geeignete Mann. Seine Stärke liegt im Kabarettistischen.«

Vielleicht hat sich auch Heinz Erhardt darüber seine Gedanken gemacht. Im ersten Jahr des neuen Jahrzehnts ist er zwar in drei Filmen zu sehen, aber nur einmal spielt er die Titelrolle. In den beiden anderen Filmen, die erst Anfang 1961 gestartet werden, kommt er nur in größeren Nebenrollen vor. Und einer dieser Filme wiederum ist von einem jungen Kabarettisten namens Dieter Hildebrandt geschrieben worden.

5. Weltflucht und Wirtschaftswunder: 1960

Als die Amerikaner am 18. November 1960 John F. Kennedy zum 35. Präsidenten der USA wählen, scheint damit ein hoffnungsvolles Zeichen für die Zukunft gesetzt: Der intelligente, charismatische und vergleichsweise junge Präsident verkörpert das Versprechen, Vernunft gegen Gewalt zu setzen. Doch auch er verfolgt gelegentlich einen harten Kurs, verstärkt das US-Engagement in Vietnam, widersetzt sich Chruschtschow und Castro. Seine Amtszeit aber dauert nur 1000 Tage. Schüsse in Dallas setzen ihr ein vorzeitiges Ende.

Von Blut getränkt sind auch die Geburtswehen der sogenannten Dritten Welt. Im kommenden Jahrzehnt entstehen allein in Afrika 44 neue Staaten, die immer wieder von Aufständen und Attentaten, Putschversuchen und Revolutionen geschüttelt werden. Der Kongo macht 1960 den Anfang. Die Franzosen führen derweil im Februar in der Sahara ihren ersten Atomversuch durch. In späteren Jahren erweitern sich die Krisenherde, in denen die Supermächte um Einfluß und Kontrolle ringen, um den Fernen Osten (Vietnam), den Nahen Osten (Libanon) und Südamerika (Chile).

Am 5. Mai 1960 wird US-Air-Force-Pilot Powers mit seinem U-2 Aufklärungsflugzeug über der Sowjetunion abgeschossen.

Premier Nikita Chruschtschow nutzt daraufhin die UNO-Vollversammlung am 1. Oktober zu scharfen Angriffen auf die Vereinigten Staaten und hämmert mit seinem Schuh.

Während GI Nr. 53310761, Feldwebel Elvis Presley, die Bundesrepublik verläßt, in der er stationiert war, um künftig in Filmen mitzuwirken, tritt Marlene Dietrich zum ersten Mal wieder in ihrer Heimat auf. Am 11. Mai 1960 wird Adolf Eichmann, der unter Himmler im »Reichssicherheitshauptamt« maßgeblich an der »Endlösung der Judenfrage« im Dritten Reich beteiligt war, vom israelischen Geheimdienst in Argentinien aufgespürt und entführt. Im ein Jahr später beginnenden Prozeß, der mit seiner Hinrichtung endet, verteidigt sich Eichmann durch Berufung auf »höheren Befehl«.

Die Kunst der sechziger Jahre wird weitgehend von den Polen Rausch und Realität bestimmt. Zeitkritische Stücke erscheinen auf den Theaterbühnen, Happenings kommen in Mode, und psychedelische Musik (wie im Musical *Hair*) erobert die Hitparaden. Im Kino bewundert man trotzdem noch Gershwins *Porgy and Bess* in der Verfilmung von Otto Preminger. Außerdem verfolgt man, wie James Mason in Stanley Kubricks *Lolita*-Film von Kindfrau Sue Lyon zugrunde gerichtet wird.

Armin Hary läuft 1960 neuen Weltrekord: 100 Meter in 10,0 Sekunden. Freddy wird als »das größte Wunder in der Geschichte des deutschen Schlagers« bezeichnet – was ein bezeichnendes Licht auf diese Branche wirft; Heidi Brühl singt »Wir wollen niemals auseinandergehn«, Rainer Bertram macht mit »Itsy-Bitsy-Teenie-Weenie-Honolulu-Strand-Bikini« Furore, und Lolita meint »Seemann, deine Heimat ist das Meer.«

Für die Deutschen endet das Jahr 1960 mit einer Katastrophe: Am 17. Dezember stürzt eine amerikanische Militärmaschine kurz nach ihrem Start in München, nachdem sie einen Kirchturm gestreift hat in dichtem Nebel, auf den Anhänger einer Straßenbahn. 50 Menschen kommen in dem flammenden Inferno um.

Heinz Erhardt nimmt am Anfang der sechziger Jahre, die man später die »wilden« nennt, zunächst einmal Urlaub vom Kino. Erst Mitte September startet ein neuer Erhardt-Film: In *Der letzte Fußgänger* macht Heinz Erhardt – Urlaub. Und wie der Titel schon andeutet, werden auch hier wieder gute alte Werte beschworen – diesmal von dem Exildeutschen William alias Wilhelm Thiele. Der hatte im Deutschland der (frühen) dreißiger

Jahre Erfolge mit musikalisch-operettenhaften Filmen gefeiert (*Liebeswalzer, Die Drei von der Tankstelle;* beide 1930) und war dann in die USA emigriert. Dort dreht er unter anderem 1942 den Propaganda-Film *Tarzan und die Nazis,* der lange Jahre später einen gewissen Kult-Status erhält.

Der letzte Fußgänger beginnt mit indischen Atemübungen, die Gottlieb Sänger (Heinz Erhardt) frühmorgens am offenen Fenster macht. Dann geht er gemächlich zu Fuß zur Arbeit, während alles an ihm vorbeihastet. Er singt: »Wie sie alle rasen … Nur nicht so eilig. Wenn du dir Zeit läßt, hast du vom Leben mehr – bei zuviel Vollgas ist der Tank bald leer.«

Gottlieb arbeitet im Archiv der Illustrierten »Zeitblick«. Deren Direktor Zollhöfer (Ernst Waldow) hat zu einer Konferenz gerufen, an der unter anderem auch Redakteur Hiss (Werner Finck) und Reporter Pit (Günther Ungeheuer) teilnehmen. Zollhöfer setzt eine Prämie von 3000 Mark für den besten Ferienbericht aus.

Derweil fährt Gottlieb mit dem Zug in Urlaub. Im Abteil sitzen eine Rheinländerin (Trude Herr), die ältere Baronin von Hartwig (Käthe Haack), ihre junge und hübsche Enkelin Kiki (Christine Kaufmann), und zwei junge Männer, die ihr schöne Augen machen. Kiki soll ins Internat nach Genf, und die Omi meint, »der gute alte Onkel« solle ein wenig auf sie aufpassen. In Bingen steigen die anderen alle aus.

Gottlieb erzählt Kiki, er sei Junggeselle und werde, wie immer im Urlaub, alleine wandern, diesmal durch den Schwarzwald. Er zeigt ihr seinen alten Rucksack. »Sie glauben gar nicht, wie wenig man zum Leben braucht.« In einer Rückblende singt er, durch einen Wald wandernd: »Ein Rucksack voller Träume, das Herz voll Sonnenschein …«

Nachdem Gottlieb in Baden-Baden ausgestiegen ist, gesellt sich Kiki jedoch wenig später zu ihm, weil sie das Spiel-Casino sehen möchte. Gottlieb will lieber seine Ruhe haben; daraufhin spricht sie demonstrativ einen Mann mit einem 300er Mercedes an; Gottlieb muß sie vor dem Lüstling retten. Im Casino verspielen sie nahezu ihr gesamtes Geld. Gottlieb gerät ganz schön ins Schwitzen. Nachher ist er sauer, nimmt Kiki aber doch mit in einen Gasthof.

Am nächsten Morgen will sie mit ihm nach Freudenstadt wandern, weil sie sich dorthin hat Geld schicken lassen. Gottlieb kann ihr nichts abschlagen. Da fotografieren sein Hobby ist,

›Der letzte Fußgänger‹: Heinz Erhardt mit Christine Kaufmann

macht er Fotos von ihr in der Landschaft. An einer malerischen Mühle besorgt er Bauernbrot und Schwarzwälder Schinken.
Zu Hause singt Redakteur Hiss eine Parodie auf den Urlaub; dazu sieht man Szenen mit einem Buchhalter, einer Hausfrau und einem Lehrer. Danach geben die »3 Travellers« ein Lied zum Besten, wozu man Bilder vom Massentourismus und kleine Sketche sieht: in Paris im Louvre, in Spanien am Strand, in Italien im Bus. »Wo bleibt die Romantik?«, fragt der Chefredakteur. Da flattern Hiss Gottliebs Fotos auf den Schreibtisch.
Kiki hat ihre Stöckel- gegen Wanderschuhe und auch ihre schicken Klamotten gegen Zünftiges ausgetauscht. Weil sie so gern schwindelt und hochstapelt – gleich zu Anfang hatte sie sich als »Comtesse« eingeführt, schenkt ihr Gottlieb ein Sparschwein, in das sie für jede Unwahrheit einen Groschen tun muß. So wan-

dern sie durch die liebliche Natur, Kiki nennt Gottlieb »Onkel Sänger« und ist ganz happy. Weil der angesteuerte Gasthof belegt ist, schlafen sie in einem Heuschober.

Am nächsten Morgen treffen sie auf die beiden Studenten Max und Rudi, die auf dem Weg zu Ferienjobs in Konstanz sind. Sie grillen gerade ein Huhn, das allerdings gestohlen ist. Als Bäuerin und Bauer auftauchen, fliehen alle gemeinsam im Auto der Studenten, einem kleinen roten Kabrio Baujahr 1925. Als der kleine Flitzer eine Panne hat, stoppt Kiki einen Ford Thunderbird mit einem indischen Prinzen, und bittet darum, abgeschleppt zu werden. Was der freundliche Prinz für die freundlichen jungen Leute auch tut.

»Ja, Jugend gehört zur Jugend«, erklärt Gottlieb. Kiki aber meint, er sei ja in seinem Herzen jung geblieben. Die beiden Jungs jedenfalls wandern von jetzt an mit, und zusammen singt man: »Ein Liedchen auf den Lippen … die Welt kann herrlich sein …« Abends kehren sie beim Schützenwirt (Willy Reichert) ein, den Gottlieb von früher kennt. Er wäre nur ein bißchen voller geworden seit damals, meint Gottlieb, »besonders von außen«. Gottlieb muß mit Kiki Charleston tanzen und macht das sehr gut; alle applaudieren. Nachts sitzt Kiki vor dem Zelt und lauscht, wie Rudi singt: »So fängt Liebe an …«

In der Redaktion wird entschieden, daß Sänger die Prämie bekommt; Hiss hat seine Fotos, die er nur zum Entwickeln geben sollte, heimlich verwendet. Der »Zeitblick« erscheint mit einem Titelfoto, auf dem Gottlieb und Kiki zu sehen sind, die davon nichts wissen. Sie sind mittlerweile in einem Luxushotel in Konstanz angekommen. Kiki kauft Gottlieb Freizeitkleidung – Shorts und ein knallbuntes Hemd. Als ihn daraufhin alle anstarren, bemerkt er: »Aber ich bin doch nicht Elvis Presley!« Außerdem wollen Teenies auch noch Autogramme von ihm haben – weil er doch jetzt der berühmte »letzte Fußgänger« ist.

Gottlieb trifft Kikis Oma, die voller Enttäuschung von der heutigen Jugend spricht. »Das ist für uns alle ein Problem«, sagt Gottlieb. Er reist ab. In der Redaktion hat er gar keine Chance, wütend zu sein, weil Direktor und Belegschaft ihn mit einem großen Fest empfangen. Der Betriebschor singt – mehrstimmig: »O wie schön kann Urlaub sein … Man kann tun, was man will, alle Uhren stehen still …«

Bei einem Besuch bei der Baronin schenkt Gottlieb Kiki ein neues Sparschwein und den beiden Studenten den Scheck über

3000 Mark. Von Kiki bekommt er einen nagelneuen Rucksack. Eine Beförderung zum Redakteur hat er abgelehnt – er möchte weiter in seinem geliebten Archiv bleiben und bloß nicht mehr auffallen.

Obwohl erst 18 Jahre jung, hat Christine Kaufmann schon mehr als 20 Filmauftritte hinter sich, von *Salto mortale* (1952) bis *Ein Thron für Christine* (1959). In *Der letzte Fußgänger* gibt sie eine reizend-süße Begleiterin für »Onkel« Heinz Erhardt ab. Wer da auf dumme Gedanken kommt, ist selbst ein Schwein. Der väterliche Freund öffnet ihr nur den Zugang zu den Schönheiten der Natur.

Die konservative *Frankfurter Allgemeine Zeitung* meint am 22. September 1960 etwas launisch zu dem Film: »William Thiele, der Verfasser dieser neunmalklugen Idylle, ein Hexenmeister der Harmlosigkeit offenbar, so daß die Harmlosigkeit schon

Es wird gefeiert: ›Der letzte Fußgänger‹

wieder verdächtig wird, hat seine Regiehand an den Puls der deutschen Wünsche gehalten. Es dürfte ein Phänomen sein, daß ein einziger Unterhaltungsfilm sämtliche Gier, nach Naivität und entschärftem Pfeffer, alle Assoziationen von Motorisierung, Rousseau und Jugendliebe – von sechs Jahren an aufwärts – in sich vereinigt. Ein beinahe vollkommenes Spiegelbild der verniedlichten Triebe und der erlaubten Sehnsüchte. Doch die Verhältnisse, die sind nicht so, wie sie es eigentlich sein sollten. Und zum Glück für alles Unglück werden sie es wohl auch niemals sein« – meint Kritiker Lothar Papke.

Die Bundesbürger träumen in dieser Zeit eindeutig vom eigenen Auto, bauen das von Hitler begonnene Autobahnnetz nach Kräften aus und konstruieren immer schönere und immer schnellere Autos, wenn auch viele mit dem (sicherheitstechnisch veralteten) Volks-Käfer vorlieb nehmen müssen.

Ans Wandern denken wirklich nur wenige. Was den Kritiker der *Süddeutschen Zeitung* am 19. Oktober 1960 zu der bissigen Bemerkung veranlaßt: »(...) die müde Sache wirbt insofern für den darniederliegenden, gesundheitsfördernden Wandersport, als man sich Gewissensbisse darüber macht, ob man die für das Absitzen des Wanderfilms vergeudete Zeit nicht besser in einem erholsamen Fußmarsch angelegt hätte. Im Wald und auf der Heide ist man sicher vor den Heimsuchungen eines neckischen Humors.«

Dabei hatte sich die Produktionsfirma im Presseheft zu *Der letzte Fußgänger* so große Mühe gegeben und unter der Überschrift »Zurück zur Unnatur!« sogar »ketzerische Anmerkungen zum neudeutschen Nationalsport« geäußert: »(...) Also wird Herr Schnell in diesem Jahr endlich mal richtig ausspannen. Er wird Urlaub machen! Drei Jahre hat er sich keinen gegönnt, wegen der Konjunktur. Jetzt muß er's tun, auch wegen der Konjunktur. Das geschäftliche Renommee verlangt gebieterisch, daß Herr Schnell den Wohlstandsbeweis antritt. Er könnte sich natürlich auch einen Herzinfarkt leisten. Aber der schönste Nachruf ist nichts wert, wenn er einem selber gilt. Lieber Urlaub.

(...) Busladungen voll südgesinnter Deutscher werden über die Alpen verfrachtet, kilometerlange Autoschlangen kriechen auf die Grenze zu, zwei- und viermotorig fallen die Roboter der Reise-Industrie vom Himmel. Und nicht nur in Italien. Ein Land allein könnte den Bedarf an Ferne, den der Wohlstand und seine Manager im germanischen Herzen geweckt haben,

›Kauf dir einen bunten Luftballon‹: Ina Bauer, Heinz Erhardt und Toni Sailer

gar nicht decken. Auch andere wollen am deutschen DMarkigen Wesen endlich mal genesen. Herr Schnell ist daher nur ein Symbol. Machen wir es kurz: Urlauber Schnell setzt sich kurzentschlossen in seinen 190 SL und kurvt südwärts. Er sieht so ziemlich alles, was es zwischen Lago Maggiore und Ätna zu sehen gibt, ohne freilich viel zu sehen. Braucht er auch nicht – er knipst ja. Fleißig befolgt er den ärztlichen Rat, alles anders zu machen als sonst. Er tut es gründlich. Nach drei Wochen kommt er zurück. ›Es war enorm!‹ sagt er und – legt sich mit einem Herzklaps ins Sanatorium.«

Und der Schreiber fügt noch hinzu: »Bitte, das ist kein Witz. Die Ärzte kennen Fälle genug, in denen ihre Patienten nach dem Urlaub krankenhausreif waren …«

In dieser satirischen Verkürzung der Dinge klingt in der Tat so etwas wie Wahrheit durch. Dafür hat der nächste Film, in dem

143

›Regisseur‹ Ernst Stankowski mit ›Direktor‹ Heinz Erhardt:
›Kauf dir einen bunten Luftballon‹

Heinz Erhardt auftaucht, mit Realitäten gar nichts zu schaffen.
Geza von Cziffra holt Erhardt für den österreichisch-deutschen
Unterhaltungsfilm *Kauf dir einen bunten Luftballon* als »Theaterdirektor Knapp« – für eine Nebenrolle – vor die Kamera. Da
wird Weltflucht, auch Eskapismus genannt, in Reinkultur betrieben – obwohl das mit *Kultur* kaum etwas gemein hat.
Die Hauptrollen dieses Ultrascope-Films, der wirklich so bunt
ist wie sein Titel, spielen der – in dieser Disziplin leider nicht
sehr begabte – Toni Sailer und die putzige Ina Bauer. Ehe Toni
als Eishockeyspieler und Theater-Bühnenbildner »Hans Haller« und Ina als begabte Eistänzerin und Sängerin »Inge König«
aber zusammenkommen können, verwickelt man sich in zahlreiche Verwechslungen.
Es treten auf und sorgen für ebensolche: Oscar Sima als »Onkel

König«, Eisbahnbesitzer; Paul Hörbiger als »Professor Engelbert«, der Sängerinnen ausbildet; Gunther Philipp als »Rennstallbesitzer Miffke«, der sich auch als Theatermäzen betätigt; Ruth Stephan als seine Freundin »Mia Panther«, die felsenfest von sich als Sängerin überzeugt ist; Ernst Stankowski als Theaterregisseur »Ernst Bertram«; Ralf Wolter als Faktotum »Luggi«; Walter Gross als Knapps Adlatus »Josef«. Am Ende gibt's dann sogar noch ausgiebig die Wiener Eisrevue zu sehen. Daher ist der Film auch so lang (101 Minuten).

Heinz Erhardt läßt wie immer einige markante Sprüche los (über Inge König alias Ina Bauer: »Die hat ein paar schöne Knochen«; zu Pferdehalter Miffke: »So ein Pferd ist ein herrliches Roß«), legt zusammen mit Walter Gross einige ganz spritzige Auftritte hin, und muß am Ende aufs Eis hinaus – wobei er prompt auf dem Allerwertesten landet.

Freudentanz: Heinz Erhardt und Walter Gross in ›Kauf dir einen bunten Luftballon‹

Mehr oder weniger zum Statisten und Stichwortgeber wird Heinz Erhardt auch in seinem dritten 60er Film degradiert, der wie *Kauf dir einen bunten Luftballon* allerdings auch erst Anfang 1961 in die Kinos kommt. Zur Abwechslung aber weist *Mein Mann, das Wirtschaftswunder,* dessen Star Marika Rökk ist, einige Bezüge zur (damaligen) Gegenwart auf. Was wohl daran liegt, daß das Drehbuch aus der Feder (oder Schreibmaschine) des Kabarettisten Dieter Hildebrandt stammt.

Es ist das erste Drehbuch des Mitbegründers der Münchner »Lach- und Schießgesellschaft«. Im Presseheft zu *Mein Mann, das Wirtschaftswunder* schreibt Drehbuchautor Hildebrandt: »(..) Was in den Ateliers bei den Dreharbeiten vorkommen kann, das ahne ich. Was aber an Handlung im Film vorkommt, kann ich nicht wissen, weil ich nicht weiß, was bei den Dreharbeiten vorgekommen ist. Eines kann ich nur mit Genugtuung sagen: Der Regisseur Ulrich Erfurth ist ein klassischer Mann des deutschen Theaters; er ist, so könnte man behaupten, beide Hände von Gustav Gründgens. Und er wird meinen Text schon nicht wie einen Klassiker behandeln, das bekommt solchen Texten nicht gut. Schließlich ist die Geschichte auch viel zu klein, um drum herum eine große Geschichte zu machen. Ich hoffe nur, daß es mir gelungen ist, die Handlung so zu führen, daß man mit zunehmender Zeitdauer den Titel immer mehr vergißt. Zum Schluß muß der Film auch ›Vier Herzen im Fünfvierteltakt‹ heißen können. Ich glaube, das kann er auch.«

Der im Titel von *Mein Mann, das Wirtschaftswunder* angesprochene Mann heißt Alexander Engelmann (Fritz Tillmann) und leitet seine Stahl-Werke im militärisch-strammen Stil – was die Kurse steigen läßt. Mit seinem Fahrer Paul Korn (Heinz Erhardt), der auch sein Freund ist, tauscht er Erinnerungen an den Kommiß aus: Damals war Engelmann Korns Fahrer, und zusammen haben sie eine Divisionskasse der Russen geklaut.

Engelmann solle sich mehr um seine Tochter Julia (Conny Froboess) kümmern, meint Korn, und eine Mutter brauche sie auch. Außerdem sei sie schon wieder von der Schule geflogen. Tochter Julia singt und tanzt inzwischen im hypermodernen Haus: »Gerade so wie du sieht der Held in meinen Träumen aus …« Ihr Vater amüsiert sich über die Scherze, die sie treibt, tut ihr gegenüber aber streng. Julia schwärmt ihm von der Sängerin Ilona Farkas vor (Marika Rökk, wie sich herausstellt); sie leitet einen ihrer Fanclubs.

Der deutsche Autofahrergruß

Korn, der leidenschaftlich Lotto spielt, will von Engelmann
»mal schnell 'ne Zahl wissen. Engelmann aber beauftragt Korn,
die Farkas zu »besorgen«. Er will sie heiraten. Korn soll sie kaufen. »Das ist unmoralisch«, gibt Korn zu bedenken, und: »Sie
soll ein großes Wurftalent sein.« Julia, die ins Büro kommt, ist
mit der Heirat einverstanden.
Korn sucht Ilona Farkas auf; sie glaubt erst, er will ein Autogramm. Dann erzählt er Kriegserlebnisse; Ilona schläft ein – bis
Korn wieder einmal laut »Bumm« sagt. Julia, die sich mit einem
großen Hut aufgedonnert hat, der ihr dauernd vom Kopf fällt,
lernt an der Hotelbar Tommy Schiller (Helmuth Lohner), einen
jungen Journalisten kennen, der wiederum Ilona kennt. Korn
zählt Treppenstufen, die Schritte bis zur Bar, die Erdnüsse in einer Schale – alles fürs Lotto.
Engelmann und die Farkas einigen sich auf einen Ehevertrag für

147

Kapitäne der Straße: Erhardt mit Kollegen in ›Mein Mann, das Wirtschaftswunder‹

ein Jahr. Er muß eine Million Konventionalstrafe zahlen, wenn er sich nicht an die Bestimmungen hält. Ilona hat sich geschworen, ihm die Hölle heiß zu machen, weil sie einfach nicht glauben konnte, daß das alles ernst gemeint war.

Zur Hochzeit hat Ilona 50 Filmstatisten engagiert. Sie singt ein Zigeunerlied: »Bombalu, du kleiner Zigeuner ...«, dann tanzt sie Czardas. Eine dicke Zigeunerin will sich Korn greifen, der darob entsetzlich erschrickt. Am nächsten Morgen serviert Korn in Butler-Uniform: »Toast, Weißbrot, Schwarzbrot, Pimpernuckel ...«

Engelmann verreist. Gemeinsam dekoriert man das Haus um. Julia singt: »Honky Tonky Tom ...« Zur neuen Innenarchitektur gehören Gartenzwerge (aus Ton) und ein Flamingo (lebend). Man feiert eine Party. Ilona singt: »Immer noch 'nen Groschen für die Musik-Box ...« Korn singt mit: »Ich dreh' jeden Groschen um ... Plötzlich, abends im Lokal, da ist es mir egal ...« Als Ilona beim Tanzen von ihrem Partner durch die Luft gewirbelt wird und man ihr Höschen sehen kann, schüttelt Korn den Kopf und artikuliert Lautloses.

Bei seiner Rückkehr findet Engelmann die Fabrik vernachlässigt und die Kurse fallend vor. Als er sich auch noch über die Liaison von Julia und Tommy aufregt, kündigt Ilona ihre Abreise an. Korn singt: »Wenn ich im Lotto mal sechs Richt'ge hätt', hätt' ich bei meiner Süßen ein Stein im Brett ... Jeder möcht' vom Wirtschaftswunder profitieren ...« – und auch ein bißchen abkassieren, oder so ähnlich. Engelmann läßt sich vollaufen; später bringt ihn die Polizei nach Hause, weil er vor den Engelmann-Werken randaliert hat. Korn übernimmt die Werksführung, wobei er Engelmann bis aufs i-Tüpfelchen imitiert.

›Mein Mann, das Wirtschaftswunder‹: Heinz Erhardt, Marika Rökk und Fritz Tillmann

Engelmann spielt krank, und als er Ilona dann einen »richtigen« Heiratsantrag macht, und weil sie ihn ohnehin ja ganz gerne mag, kommt dann doch noch alles ins rechte Lot. Oder, um Hildebrandt zu zitieren, die vier Herzen (von Engelmann und der Farkas, von Julia und ihrem Tommy) schlagen dann doch noch im rechten Takt.

Ansonsten fragt man sich, wie das Drehbuch des Kabarettisten wohl *ursprünglich* ausgesehen hat und was für Besetzungsvorstellungen er wohl hegte. »Die spitze Feder Hildebrandts ist nur selten zu spüren«, kritisiert die Münchner *Abendzeitung* am 4. April 1961. In Anbetracht dessen, was da auf der Leinwand zu begutachten ist, hat Kritiker »Karsten« (Peters) leider recht. Möglicherweise satirische Ansätze sind im Film zu netten Scherzen verwässert. »Neudeutsche Munterkeit« nennt die *Frankfur-*

Wenn die Conny mit dem Heinz: Froboess und Erhardt in ›Mein Mann, das Wirtschaftswunder‹

Ein Gläschen in Ehren kann niemand verwehren: Heinz Erhardt und Adelheid Seeck in ›Mein Mann, das Wirtschaftswunder‹

ter Rundschau das am 28. Januar 1961, und meint: »So wurde halt ein wohltemperiertes Vergnügen aus einem Thema, das hätte glitzern können von heiterer Satire.«

Anfang der sechziger Jahre gehen die Bundesdeutschen schon nicht mehr so gerne und so zahlreich wie noch in den Fünfzigern ins Kino. Im Zuge der neuen Bequemlichkeit bleiben sie lieber vor der Mattscheibe im heimischen Wohnzimmer sitzen. Eine ernste Krise des deutschen Kinos kündigt sich unübersehbar an. Gert Berghoff schildert die Situation in der *Kölnischen Rundschau* am 25. Februar 1961 so bissig wie zutreffend – deshalb sei sein Text hier in voller Länge zitiert: »Als vor nunmehr schon geraumer Zeit die ersten Westdeutschen den heimischen Fernsehschirm und die damit verbundene traute Häuslichkeit dem

151

Kino vorzuziehen begannen, holten die Filmgewaltigen Marika Rökk erneut ins Scheinwerferlicht, damit obendrein einem dringenden Bedürfnis bestimmter Besucherschichten abgeholfen werde. Dies war dann auch wohl die letzte Kalkulation im deutschen Film, die aufging.

Als wenig später zwar die Rökk-Fans kamen, andere aber dennoch lieber in die Röhre guckten, bemühte man Heinz Erhardt, der die vermiesten Kinogeher unter lautem Gelächter ins Parkett zurückholen sollte. Schließlich tauchte Conny nach anfänglichen Plattenerfolgen auch optisch auf, um wenigstens die Scharen der Teenager an den Kinostuhl zu fesseln.

Jetzt werden sie gleich alle drei auf uns losgelassen: die Marika, der Heinz und die Conny. Die Marika spielt ihre patentierte Rolle als temperamentvoller Star etwas gewaltsam vor sich hin. Der Heinz kalauert von einer Szene in die andere. Und als unsere Conny vor Jahren die Badehose einpackte, gab es Optimisten, die glaubten, dafür habe sie ein Talent ausgepackt. Für den Preis einer Kinokarte kann man sich vom Gegenteil überzeugen.«

Das alles ist nun nicht Heinz Erhardts »Schuld«. Er hat wenig Anteil am Niedergang des deutschen Kinos in den sechziger Jahren. Aus überlieferten Randbemerkungen seinerseits klingt immer wieder an, daß er selber von der Qualität der Filme, in denen er auftritt, nicht sonderlich überzeugt ist. Warum aber hätte er die Aufträge, die man ihm antrug, ablehnen sollen? Er, der sich selbst gelegentlich als »schlechten Familienvater« bezeichnete (weil er auf Grund seiner zahlreichen Verpflichtungen so selten zu Hause war), dachte sicher immer daran, daß er eine Familie zu versorgen hatte, der er – wie jeder gute Vater – eine gesicherte Zukunft schaffen wollte.

So wird vielleicht verständlich, daß er – statt sich auf ungewisse Wagnisse einzulassen – lieber auf Bewährtes zurückgreift. Im ersten von den drei Filmen, in denen er 1961 zu sehen ist, spielt er jedenfalls eine Rolle, mit der er schon auf der Theaterbühne großen Erfolg hatte.

Obendrein sieht man Heinz Erhardt zum erstenmal in Frauenkleidern.

6. Spaßige Sprößlinge: 1961

Das für die Deutschen weitestreichende Ereignis des Jahres ist der Beginn des Baus der »Mauer« am 13. August 1961: Die DDR macht ihre Grenze zum Westen dicht. In Berlin stehen sich feindliche Panzer aus Ost und West im Abstand weniger Meter gegenüber. Doch die Alliierten greifen nicht ein.

Die Ereignisse um den Mauerbau beeinflußen den Wahlkampf; am 17. September verlieren die Unionsparteien CDU/CSU ihre absolute Mehrheit. Dennoch wird Konrad Adenauer am 7. November 1961 wieder Kanzler – auch trotz der Schlappe, die er hinnehmen mußte, als Karlsruhe seinen Plan, ein durch Werbeeinnahmen finanziertes und von der Regierung kontrolliertes Fernsehen zu schaffen, für verfassungswidrig erklärt.

In der Bundesrepublik gibt es 1961 bereits 4,6 Millionen Fernsehempfänger, außerdem 15,9 Millionen Rundfunkgeräte. Amerikanische Rundfunkstationen strahlen zum erstenmal Programme in Stereo aus. Im Juli 1961, inmitten der immer noch anhaltenden Hochkonjunktur, kommt die Pleite der Automobilfabrik des Konsuls Borgward, der mit dem Lloyd 300 (»Leukoplastbomber«) und der eleganten Isabella Erfolg gehabt hatte, sich dann aber mit dem Bau von Hubschraubern, Lastern und Luxus-Limousinen übernahm.

Der April 1961 wird zu einem ereignisreichen Monat: In Algerien scheitert ein Putschversuch französischer Offiziere; in Kuba schlägt die vom CIA unterstützte Invasion in der Schweinebucht fehl – Castro besiegt die mehr als 1200 gelandeten Exil-Kubaner innerhalb von 36 Stunden und festigt damit seine Machtstellung; am 12. des Monats umkreist der Russe Gagarin in 108 Minuten als erster Mensch die Erde; einen Tag zuvor hat in Israel der Eichmann-Prozeß begonnen.

Auf der deutschen Schlagerszene erscheinen Gus Backus mit »Da sprach der alte Häuptling der Indianer« und Bill Ramsey mit der »Zuckerpuppe« (von der Bauchtanztruppe); und alle singen »Am Sonntag will mein Süßer mit mir segeln gehn ...« In Spanien verbieten Kirche und Regierung Buñuels Film *Viridiana*. In der Bundesrepublik liefert Bernhard Wicki mit *Das Wunder des Malachias* ein Beispiel für einen zeitkritischen Film, von denen es in den nächsten Jahren noch einige mehr geben wird. Heinz Erhardt zieht es vor, den Erfolg, den er mit dem Schwank *Hurra, ein Junge* auf der Bühne erzielen konnte, auf der Leinwand zu wiederholen. Weil Erhardt im Film »Egon Kummer« heißt, nennt man das Ganze *Ach Egon!*. Inszeniert wird der Film von Wolfgang Schleif, einem Unterhaltungs-Spezialisten, auf dessen Konto unter anderem drei *Immenhof-* und drei *Freddy*-Filme sowie 21 weitere Werke zwischen 1949 und 1974 gehen. Zuvor hatte Schleif als Regie-Assistent gearbeitet, unter anderem für Veit Harlan bei dessen *Jud Süß* (1940).

In der Besetzung von *Ach Egon!* trifft man viele alte Bekannte wieder; neu sind drei Affen. Die Schimpansen heißen Kiki, Koko und Kaka; sie gehören Egon Kummer (Heinz Erhardt), der mit ihnen durch die Lande tingelt. Früher hat Egon, so erfährt man später, auch schon als »boxendes Känguruh« im Zirkus gearbeitet und ist außerdem als Damenimitator aufgetreten.

Generaldirektor Theo Mathusius (Rudolf Vogel) und seine Frau Mathilde (Grethe Weiser) sind mit dem Zug unterwegs zu ihrem Schwiegersohn, dem Kinderarzt Dr. Waldemar Weber (Gunther Philipp) und dessen junger Frau Henny (Corny Collins), die gerade ihren 1. Hochzeitstag feiern wollen. Ein Studienfreund, der Rechtsanwalt Dr. Kurt Wehling (Adrian Hoven), teilt Waldemar mit, er suche einen »W.W«, der einst als Student seine um einiges ältere, zu ihm sehr hilfreiche Wirtin geheiratet habe, um ihrem unehelichen Sohn einen Namen zu geben. Dieser Sohn trete gerade in einem Lokal in St. Pauli auf. Es gehe darum, eine Erbschaft auszuzahlen – Geld, das der leibliche Vater einst angelegt hatte.

Zu Besuch kommt auch noch eine Freundin von Henny, die Schriftstellerin Helga Lüders (Carmela Künzel), die unter dem männlichen Pseudonym »Erik Helgers« ein Buch mit dem Titel »Das süße Geheimnis« veröffentlicht hat. Einen »Erik Helgers« aber suchen Waldemar und Kurt angeblich in St. Pauli, woraufhin Henny eine Frau hinter der Sache vermutet.

Im Zug beansprucht Egon für sich und seine drei Affen im Abteil der Mathusius reservierte Plätze. Er singt: »Sei friedlich und lebe gemütlich, und tue nur das, was dir gefällt ...« Die Affen veranstalten einen Affenzirkus. »Die Kleinen sind guter Dinge heute«, sagt Egon, »wir haben nämlich geerbt.«

Wenig später klingelt Egon bei den Webers. Das Hausmädchen Anna (Ruth Stephan) öffnet ihm: »Sie wünschen?« Egon: »Ich wünsche meinen Vater.« Anna hält er erst für sein »Schwesterchen«. Die Affen toben durch die Küche; einer stülpt Anna eine Schüssel Sahne über den Kopf. »Ihr übertreibt«, bemerkt Egon.

Da laust dich doch der Affe: ›Ach Egon!‹

Den Kinderarzt redet er gleich mit »Papi« an: »Das treue deutsche Vaterauge, ich höre es auf mir ruhen … Hier gehe ich nicht mehr weg.« Außerdem will der spaßige Sprößling eine Anzeige aufgeben: »Fetter Junge, stramm angekommen, nein – Strammer Junge, fett gedruckt, angekommen.« Das gefällt Waldemar alles gar nicht – klar, daß er niemandem etwas von seinem »Kind« erzählt hat.

So wird Egon erst einmal im Schrank versteckt, als die Schwiegereltern kommen. Von dort aus stibitzt Egon belegte Brote und Wein; als »Nachspeise« greift er sich Anna und busselt sie ab. Die läßt sich das gefallen, nachdem Egon ihr gesagt hat, er habe 30 Mille geerbt.

Waldemar untersucht sich selbst, weil er so nervös ist. Denn mittlerweile besteht seine Frau Henny darauf, »Erik« kennenzulernen. Helga teilt unterdes Kurt im Vertrauen mit, daß »Erik« eine Frau sei. Egon erklärt daraufhin Waldemar und Kurt, er könne eine Frau auftreiben.

Bei einem Bockbierfest tanzt Anna im hautengen Kleid mit ihrem Freund, dem Tischlergesellen Behnke (Hans Richter). Generaldirektor Mathusius wird eifersüchtig, weil er sich heimlich mit Anna verabredet hat. An einer Bar singt eine beschwipste Frau: »Egon, ich hab' ja nur aus lauter Liebe zu dir ein Glas zuviel getrunken …«

Egon erscheint – als Schriftstellerin »Erik« – in Frauenkleidern und trägt einen Hut mit Schleier, darunter allerdings die unvermeidliche Hornbrille. Er/sie sagt zu »Waldi« Weber: ›Komm' an meinen Busen …« Er/sie fühlte sich sehr »gebumfiedelt«. Als man Egon/»Erik« fragt, ob er Mitglied im PEN-Club sei, antwortet er: »Nein, ich penne immer zu Hause.«

Dienstmädchen Anna und Direktor Mathusius haben mittlerweile einen in der Krone. Anna singt: »Ausgerechnet ich treffe einen, der mich um den Finger wickeln kann …« Auch Mathusius singt: »Du bist die Superfrau für mich …«

Als Helga von »Erik« wissen will, womit er sich gerade beschäftige, sagt Egon: »Mit Pudern«, weil er gerade eine Puderdose in der Hand hat. Dann singt und tanzt Egon (im Fummel): »Es ist wunderbar, es ist fabelhaft,/wie der Egon das bei den Damen schafft …« Schließlich rauschen Henny, Helga und Mathilde – letztere von Egon einmal als »Schwagermimi, äh, Schwiegermama« angeredet, ab nach Hause. Egon kommt später angesäuselt mit Anna zurück.

Am nächsten Tag muß Waldemar den drei Damen dann doch seinen »Sohn« zeigen; der sitzt gerade in der Badewanne und plantscht. »Das ist zuviel«, sagen die Damen. »Bin ich denn zu dick?«, fragt Egon. Henny wundert sich, wie Waldemar zu einem Sohn kommt, der älter ist als er selber.

Es dauert noch eine Filmrolle oder zwei, bis sich alles aufklärt: Egon ist der Sohn von Mathusius, was Mathilde nicht weiter erschüttert; Henny verzeiht Waldemar seinen »Seitensprung«; Helga und Kurt werden ein Paar, und Egon – der singt mit Anna und den anderen noch einmal, wie fabelhaft Egon das bei den Frauen schafft. Ende.

Die Tatsache, daß Heinz Erhardt als Damenimitator auftritt, nimmt man damals ganz gelassen auf. Man wird sich wohl gesagt haben: Eines Tages mußte auch dies sein. Zudem gehört es zum Repertoire (nahezu) jedes deutschen Komikers.

Ausgesprochen angetan zeigt sich die Presse von den Affen: »Der Freund der deutschen Filmkomödie kommt (...) voll auf seine Kosten, zumal alle Beteiligten ihre Sache prächtig machen – ganz besonders die drei Schimpansen. Man wird sich ihre Namen merken müssen«, schreibt die *Nürnberger Zeitung* am 8. April 1961 zu *Ach Egon!*. Der *Evangelische Filmbeobachter* meint: »(...) In die Hauptrollen teilen sich einschlägige deutsche Lustspieltypen, wie Weiser (...) und Erhardt (Damenimitator), mit drei gleichfalls auf deutsche Schwankkomik dressierten Schimpansen, deren stete Verständnislosigkeit etwas Tröstliches hat.«

Graziös: Heinz Erhardt in ›Ach Egon!‹

157

Die *Süddeutsche Zeitung* merkt am 12. April 1961 an: »(...)
Zum Steigern der Lustbarkeit wurden sogar einige Schimpansen angeheuert, die bald erster Klasse reisen, bald mit der Frau
Generaldirektor unter einer Daunendecke stecken. Freunde
feinsinnig-volksnahen Humors gewahren mit Entzücken, wie
Heinz Erhardt singend und quasselnd eine Schriftstellerin
mimt.«

Derlei optische »Anzüglichkeiten« und auch verbale (»Keine
Kinder? Wie machen Sie das?«) läßt die Freiwillige Selbstkon-
trolle (FSK) kalt. Dagegen regt sie sich über ein Aushangfoto
auf, auf dem Peter Vogel eine Illustrierte betrachtet, deren Ti-
telseite eine offenherzige Dame zeigt.

Der Hauptausschuß der FSK beschließt in seiner Sitzung vom
29. März 1961: »Der Arbeitsausschuß hat am 28.3.1961 das Foto
Nr. 33 aus dem Verleihsatz von 28 Motiven zu dem Film *Ach
Egon!* freigegeben mit der Auflage, die Brustpartie der auf der
Illustrierten gezeigten Frau durch ein Kleidungsstück zu bedek-
ken. Gegen diese Entscheidung hat die Antragstellerin Berufung eingelegt mit dem Antrag, das Foto ohne Auflage freizuge-
ben. Sie weist darauf hin, daß die Frau in einer Illustrierten ab-
gebildet ist, die überall gekauft werden kann. Die Berufung ist
nicht begründet.

Entscheidend ist nicht die Darstellung der wenig bekleideten
Frau allein, sondern das Nebeneinanderstellen dieser Abbil-
dung mit dem Betrachter der Illustrierten. Wenn der Schauspieler Vogel auch nicht die fragliche Frau betrachtet, so bringt doch
der Beschauer des Fotos die dargestellte Frau mit dem lüsternen
Gesichtsausdruck des Schauspielers in Verbindung. Diese Verbindung ist gerade männlichen Jugendlichen im Entwicklungs-
alter abträglich.«

Die Zeit der entblößten Busen und nackten Pos ist noch nicht
gekommen. In *Ach Egon!* gibt es – außer auf besagtem Illu-
strierten-Foto – keine unbekleidete Haut zu sehen, nur ulkige
Lüsternheit, hauptsächlich in Gestalt von Direktor Mathusius.
Der Gipfel besteht darin, daß ein Affe zu Mathilde ins Bett
kriecht, den sie in ihrer Schlaftrunkenheit für ihren Gatten hält
– der wiederum volltrunken von seinem Rendezvous mit Anna
zurückkommt und nicht nur einen Affen hat, sondern auch
einen sieht.

Es dauert dennoch nur noch ein paar Jahre, bis die unbekleide-
ten Starlets auch Heinz Erhardt einholen – oder umgekehrt:

Jetzt geht's der ›Dame‹ an den Kragen: Carmela Künzel, Adrian Hoven, Heinz Erhardt, Gunther Philipp, Grethe Weiser und Corny Collins in ›Ach Egon!‹

Heinz Erhardt wird Ende der sechziger Jahre gelegentlich in Filmkomödien mitwirken, die sich »sexy« geben anstatt bloß »frivol« wie noch *Ach Egon!*. Aufregender werden die Filme dadurch freilich nicht. Doch davon später mehr.

Heinz Erhardt, der sich in *Ach Egon!* als »›Papi, Papi‹ piepsendes Baby« und als »singende Matrone«, wie ihn der *Münchner Merkur* beschreibt, beschwingt durch einen Schwank schwadroniert, dem man seine Theater-Herkunft auch in der Film-Fassung noch deutlich anmerkt, kehrt in seinem nächsten Film wieder zur Natur zurück – und zu lieben, alten Kollegen: Walter Giller und Hans Joachim Kulenkampff sind seine Partner in *Drei Mann in einem Boot,* die – sehr frei nach dem gleichnamigen Roman von Jerome K. Jerome – fröhlich den Rhein hinunterschippern, um sich ein wenig Erholung von ihren strapaziösen Frauen und Freundinnen zu gönnen.

Inszeniert wird *Drei Mann in einem Boot,* eine österreichisch-deutsche Koproduktion, von Helmut Weiss. Der Regisseur, der auch als Drehbuchautor arbeitet, hat zuvor Filme wie *Die Feuerzangenbowle* (1944) und *Quax in Afrika* (1945), beide mit Heinz Rühmann, in Szene gesetzt.

Kunsthändler Georg Nolte (Heinz Erhardt) will in seinem Urlaub am Bodensee endlich einmal in Ruhe angeln. Er erfreut sich der Berge ringsum, auf die er nicht hinauf muß, wie er seinem Mitangler Mägele (Willy Reichert) mitteilt. Seine Ehefrau Lotte (Loni Heuser) aber kippt den – einzigen – gefangenen Fisch wieder ins Wasser (ihr Mann dazu: »Jetzt ertrinkt er!«) und erklärt resolut, weil es gilt, aus geschäftlichen Gründen wichtige Leute zu treffen: »Im Wirtschaftswunder gibt es keine Ferien.«

Ihre Ruhe wollen auch die beiden Werbeprofis Jerome »Jo« Sommer (Walter Giller) und Harry »Hannes« Berg (Hans Joachim Kulenkampff), die gerade an einer Kampagne für »Dentoblank«-Zahnpasta arbeiten. Aber dann wird Hannes von der temperamentvollen Ungarin Julischka (Ida Boros) überfallen, während sich Jo einen »Hasen« angelt – ausgerechnet die Nolte-Tochter Grit (Ina Dusche).

Jo und Hannes kommen zu dem (Ent-)Schluß: »Ein Boot müßte man haben!« Kurzentschlossen mieten sie den Kutter »Marianne«. Nolte hört ihr Gespräch mit dem Besitzer in einer Kneipe und bietet sich als Koch an: »Ich sitze in der Kombüse und putze Gemüse.« Am nächsten Tag läßt er eine LKW-Ladung Vorräte anrollen. Auf dem Schiff herrscht bald das totale Chaos, aber samt Hund »Sputnik« sticht das Trio alsbald in den Bodensee. Am Abend serviert Nolte ein versalzenes und verkohltes Schaschlik. Die Drei singen »Drei Mann in einem Boot ...«, während sie gemeinsam ein Omelett zubereiten.

Die Frauen (Grit, Lotte und Julischka) haben sich inzwischen an die Verfolgung der Männer gemacht. Lotte hatte sogar eine Vermißtenanzeige aufgegeben, und Mägele hat der Polizei Nolte als einen Mann beschrieben, der so einen Hut wie der Adenauer trage, wenn er in Caddenabbia Urlaub mache und »Boccacio« spiele.

Das Trio im Boot hat sich inzwischen entschlossen, nach Amsterdam zu fahren, weil Nolte dort zu einer Kunstauktion muß, und gondelt nichtsahnend auf den Rheinfall bei Schaffhausen zu. Ein anderes Schiff stoppt sie gerade noch rechtzeitig. Also verladen sie ihr Boot auf die Bahn. Die Frauen kommen einen Augenblick zu spät. Julischka landet im Knast, weil sie das Alter in ihrem Paß gefälscht hat und obendrein die Schweizer Grenzbeamten beleidigt.

Rheinabwärts … Käpt'n Hannes gerät einem großen Frachtkahn in die Bahn, der von einem energischen jungen Mädchen gesteuert wird, was die Drei nicht erkennen. Man bewirft sich gegenseitig mit Gemüse. Kurz darauf fällt das Mädchen von Bord – das Trio fischt es auf. Hannes zieht den Steuer»mann« unter Deck aus. Der heißt Beetje (Susanne Cramer) und ver-

Rheinabwärts: ›Drei Mann in einem Boot‹

161

langt erst mal einen Schnaps. Da bahnt sich was an zwischen den beiden, merkt man bald. Weiter Rheinabwärts ...

Nach einem Zwischenstop in Königswinter mit etlichen turbulenten Ereignissen erreicht man schließlich Amsterdam. Nolte, der allein auf dem Schiff zurückgeblieben ist, kann nicht zur Kunstauktion, weil das Boot sozusagen im Parkverbot liegt und ein Polizist verlangt, daß es an einen anderen Ankerplatz verlegt wird. In ihrer Naivität treiben Beetje, Hannes und Jo bei der Auktion durch gegenseitige Winke-Winke-Zeichen, die der Auktionator als Gebote deutet, den Preis für das Bild in die Höhe, das Nolte verkaufen will, und ersteigern auf gleiche Weise prompt preiswert einen Renoir, den Nolte schon immer haben wollte. Als Nolte schließlich ankommt, lobt er Jo: »Und ich dachte immer, du kannst einen Rembrandt nicht von einem Weinbrand unterscheiden.«

›Drei Mann in einem Boot‹ beim Zubereiten eines Omeletts: Heinz Erhardt, Hans Joachim Kulenkampff und Walter Giller

Drei Mann und eine Frau unter einem Boot: Heinz Erhardt, Ina Duscha, Walter Giller und Hans Joachim Kulenkampff

In der fernen Schweiz hängt sich Julischka begeistert an den gutaussehenden Anwalt, der sie aus dem Gefängnis geholt hat; in Holland schleppen Jo und Grit im Straßenkreuzer-Kabrio das Boot per Seil durch einen Kanal. Nolte läßt Koteletts zu Briketts verbrennen, während sie mit einem Fischerkahn kollidieren und das Schleppseil reißt. »Wenn wir die bloß alle los wären«, sagt Jo zu Grit im Auto – und merkt nicht, daß er nur noch das abgerissene Seil hinter sich herschleppt.

Was soll man dazu sagen? *Drei Mann in einem Boot* ist ein harmloses Filmchen mit etwas Musik und vielen bunten Postkarten-Bildern. »Quark« könnte man auch sagen, zumal Heinz Erhardt sich in ebendiesen einmal reinsetzt und er ihm dann am Hintern klebt. »Musiklustspiel der Handelsklasse C« nennt es Ponkie am 5. Oktober 1961 in der Münchner *Abendzeitung*.

163

Die *Frankfurter Rundschau* schreibt zur Drittaufführung des Films im (ersten) deutschen Fernsehen am 13. Februar 1981: »(...) Jerome Klapka Jeromes 1899 erschienener Roman, bekanntlich auf der Themse angesiedelt, wurde ein Welterfolg nicht zuletzt wegen seiner sanften, aber deutlichen Kritik an viktorianischen Standesdünkeln und seiner engagierten Parteinahme für ein naturverbundenes Leben. Beide Aspekte fanden sich in der von der ARD im Februar des Vorjahres vorgeführten BBC-Verfilmung vom Tom Stoppard und Stephen Frears mit Tim Curry, fielen dagegen in der Fassung von Helmut Weiss ins Wasser.«

Auffallend, wenn auch nicht weiter verwunderlich, weil ins Frauenbild jener Jahre passend, ist der Schuß Misogynie in den damaligen deutschen Lustspielfilmen, in denen Frauen stets strikt nach Klischee zu erscheinen haben – in *Drei Mann in einem Boot* die keifende Ehefrau und die kreischende ungarische Freundin plus »einer bis zur Unnatur gepflegten jungen Dame (gemeint ist die Nolte-Tochter Grit; Anm. d. A.) und eines angeblich natürlichen Mädchens, das sich ohne Umschweife aus einem burschikosen ›Steuermann‹ in die elegante Besucherin einer Kunstauktion verwandelt«, wie der *Evangelische Filmbeobachter* notiert. Später gesellen sich zu den »Drachen«-Frauen und den »burschikosen« oder »gepflegten« – aber stets »anständigen« – Jungmädchen und -damen noch geile grüne Witwen, liebeshungrige Stewardessen und geschäftstüchtige Callgirls. Auch davon wird noch die Rede sein.

Im dritten Film, in dem Heinz Erhardt 1961 zu sehen ist, hat er hauptsächlich mit einer vergnügungssüchtigen Tochter und einer verschrobenen Schwester zu kämpfen. Doch wie der Titel *Freddy und der Millionär* schon andeutet, spielt Schlagerstar Freddy Quinn den Titelhelden, während Heinz Erhardt den Millionär verkörpert. Regie führt Paul May, der im gleichen Jahr eine *Via Mala*-Neuverfilmung durchgeführt hat und der in den fünfziger Jahren mit den drei Militär-Filmen der *08/15*-Serie aufgefallen war.

Millionär Stone (Heinz Erhardt) hat's schwer in seiner Prunkvilla auf Ischia. Seine Tochter Silvia (Vittoria Prada) will mit ihren Freunden den Rekord für Dauer-Partys brechen – und bei dem Lärm kann Stone nicht schlafen; Silvias Verlobter Rex (Claus Wilcke) ist ein Nichtstuer und Nichtskönner; der Arzt hat Stone auf strenge Diät gesetzt, die seine Schwester (Grethe Weiser)

Trost für die Tochter: Vittoria Prada, Heinz Erhardt und Grethe Weiser (von rechts) in ›Freddy und der Millionär‹

mit Adlerauge überwacht; beim Pokern mit seinen Geschäftsfreunden verliert er dauernd; und sein Sekretär Jellicot (Henry van Lyck) ist ein schleimiger Typ.

Glücklicherweise lernen Stone und sein stets philosophierender Diener Robert (Joseph Offenbach) den kleinen Angestellten Fritz Meyer (Freddy Quinn) kennen, der ohne seine Verlobte Edith (Grit Bötcher) Urlaub machen muß, weil ihr Direktor (Hubert von Meyerinck) sie nicht weggelassen hat. Der aufrechte Meyer, dem das eingebildete Getue der Reichen zuwider ist, räumt auf Stones Veranlassung hin auf: Der Tochter sagt er die Meinung: »Ihr Vater hat versäumt, Ihnen rechtzeitig den Hintern zu versohlen«; den Verlobten und seinen nur angeblich schwerreichen Vater verscheucht er, weil die es nur auf Stones Millionen abgesehen haben; den Sekretär überführt Meyer dank seiner Fremdsprachenkenntnis des Betrugs, die Geschäftsfreunde entlarvt er als Falschspieler, und der Dauerparty macht er ein schnelles Ende. Der Millionär bietet ihm daraufhin als Belohnung einen Direktors-Posten und die Hand seiner Tochter an, doch Meyer verzichtet auf beides um des stillen Glücks mit seiner Verlobten Edith willen, die ihm voll eifersüchtigem Bangen nachgereist ist.

Dazwischen hat Freddy noch Zeit, fünf Songs zu singen: Den Dauerbrenner »La Paloma«; das Arbeitslosen-Lied »Der Boß ist nicht hier!«, in dem es unter anderem heißt: »Und dann ist wieder Sonntag, wir tun, was uns gefällt,/und träumen bis zum Montag von einer bess'ren Welt ...«; das Liebes-Lied »Wann kommt das Glück auch zu mir?«, mit dem Reim: »So ist nun einmal das Leben,/dem einen geht es zu gut, dem and'ren geht alles daneben ...«); die Rock-Parodie »Happy, happy Baby«; und den Titelsong »Herr Meyer, Herr Meyer« (»Wer hätte das gedacht,/ das haben Sie gut gemacht ...«).

Um Freddy Quinn, damals als Schlagerstar schwer im Geschäft, entsteht sogar ein eigenes Filmgenre: Zwischen 1959 *(Freddy, die Gitarre und das Meer)* und 1971 *(Freddy – die Fahrt ins Abenteuer)* kommen sieben Filme in die Kinos, die seinen Namen im Titel tragen; in drei weiteren spielt er Hauptrollen. In *Freddy und der Millionär* mimt er allerdings einen hölzernen Langweiler. Erhardt über Freddy in der *Hannoverschen Presse* vom 30. August 1961: »Ich habe mich verpflichten müssen, nicht auch zu singen; dafür ist er nicht komisch.«

Dagegen setzt Heinz Erhardt den in kräftigen Farben gefilmten Bildern der südlichen Landschaft noch einige humorige Tupfer auf. Mürrisch erklärt er: »Ich ziehe aus, sollen die doch mal sehen, wo ich bleibe«; er klagt seine Sorgen: »Millionäre sind auch nur Menschen«; er hat seinen Schreibtisch mit zwei Flügeltüren versehen, damit er dahinter ein Dinett mit (verbotenem) Essen verschwinden lassen kann; und er erzählt die lustige Geschichte von dem netten Ehepaar, das tagelang in der Villa wohnte, das aber niemand kannte – erst als sie die Hotelrechnung bezahlen wollten, hätte man gemerkt, daß sie nicht dazugehörten.

Für Heinz Erhardt findet die Kritik daher auch lobende Worte: »Heinz Erhardt mimt den Millionär mit angenehm trockenem Humor und hält sich auf überraschende Weise von billigem Klamauk fern«, bemerkt der *Evangelische Filmbeobachter*. »Endlich ist man von der Unsitte abgegangen, Komiker anzuhäufen. Um so lustiger konnte sich Heinz Erhardt als Millionär ausspielen«, steht in den *Stuttgarter Nachrichten* vom 21. Dezember 1961. »Eine nicht gerade einfallsreiche Story, und wenn nicht dank dem Millionär des Heinz Erhardt manch komische Situation entstünde, wäre das Ganze noch fader«, meint der Berliner *Tagesspiegel* am 29. April 1962.

»Auch Heinz Erhardt wäre nicht der schlechteste – wenn es das Filmchen nur zuließe«, bemerkt Ponkie in der Münchner *Abendzeitung* am 8. Januar 1962. Und sie dichtet eine treffende Bilanz: »Das Ganze hat nur einen Sinn, wenn du ein Freund von Freddy Quinn.«

Die Heinz-Erhardt-Freunde müssen in den sechziger Jahren weitgehend auf ihr Idol (im Kino) verzichten. Erhardt begnügt sich in den kommenden Jahren mit Nebenrollen und Gastauftritten. Das Niveau dieser Leinwandwerke – anfangs noch meist Schlagerfilmchen, dann zwei Karl-May-Abenteuer, schließlich

Ein Hähnchen klemmt im Schreibtisch: Grethe Weiser, Heinz Erhardt, Peter Vogel und Freddy Quinn in ›Freddy und der Millionär‹

einige Sexstreifen – nimmt ohnehin noch weiter ab. Letztendlich ist Heinz Erhardt gut beraten, sich da rar zu machen. Seine Fans entschädigt er dadurch, daß er sich häufiger im Fernsehen blicken läßt. Bereits Ende 1960 hat er eine eigene Produktionsfirma gegründet, die kurze und mittellange Fernsehfilme herstellt, deren Niveau und Qualität über dem Erhardtschen Kino-Klamauk liegt.

Erst 1970 spielt Heinz Erhardt in Kinofilmen wieder Hauptrollen – gleich vier Stück in einem Jahr. Dann aber setzt ein Schlaganfall seiner Karriere ein jähes Ende.

7. Die Post geht baden: 1962/63/64

Mit einem Staatsbesuch in Frankreich, einem Gegenbesuch General de Gaulles in der Bundesrepublik und dem Abschluß des deutsch-französischen Freundschaftsvertrages krönt der 86jährige Konrad Adenauer 1962 sein politisches Lebenswerk. Ein Jahr später zieht er sich aus der Politik zurück.

Die Bundesrepublik wird am 16. Februar 1962 von einer Flutkatastrophe erschüttert, die Norddeutschland heimsucht. Mehr als 300 Tote sind zu beklagen; der Sachschaden beläuft sich auf Milliarden. Einen Monat später, am 20. März, stellt die Bundesmarine ihr erstes U-Boot in Dienst.

Während am 26. Oktober 1962 die »Spiegel-Affäre« mit der Durchsuchung der Redaktionsräume durch die Polizei beginnt und später unter anderem mit dem Rücktritt von Verteidigungsminister Franz Josef Strauß endet, befürchtet die Welt, daß sich die von US-Präsident Kennedy am 24. Oktober 1962 angekündigte Seeblockade Kubas zu einem kriegerischen Konflikt der Großmächte ausweiten könnte. Aufklärungsflüge haben bewiesen, daß die Sowjets dabei sind, auf Kuba Raketenbasen zu errichten. US-Kriegsschiffe überwachen daraufhin den Seeverkehr. Am 20. November wird die Blockade aufgehoben, nachdem die Russen mit der Demontage der Basen begonnen haben.

Bereits 1962 können Fernseh-Sendungen schon per Satellit von Kontinent zu Kontinent übertragen werden. Am 1. April 1963 beginnt das Zweite Deutsche Fernsehen mit der Ausstrahlung seines Programms. Im Kino macht 1963 Ingmar Bergmanns Film *Das Schweigen* Furore wegen einiger in dieser Deutlichkeit und Drastik noch nie gesehener Sex-Szenen.

In England landet eine Musikgruppe mit dem Namen »The Beatles« mit »She Loves You« ihren ersten großen Hit. Am 8. August 1963 bitten, ebenfalls in England, einige Gentlemen zur Kasse: Ohne Anwendung brutaler Gewalt rauben sie aus einem Postzug umgerechnet etwa 30 Millionen Mark.

Vom 23. bis 26. Juni besucht Präsident Kennedy die Bundesrepublik und erklärt in der geteilten Ex-Hauptstadt: »Ich bin ein Berliner.« Fünf Monate später, am 22. November 1963, wird John F. Kennedy bei einer Fahrt durch die texanische Stadt Dallas erschossen. Zwei Tage darauf erschießt der Nachtclub-Besitzer Jack Ruby den mutmaßlichen Kennedy-Mörder Lee Harvey Oswald, der aber bestritten hat, der Täter gewesen zu sein. Das Attentat auf John F. Kennedy kann nie restlos aufgeklärt werden.

Wie 1961 bei der Kabinettbildung vereinbart, tritt Konrad Adenauer am 15. Oktober 1963 als Bundeskanzler zurück. Sein Nachfolger wird Ludwig Erhard. Genau ein Jahr danach, am 15. Oktober 1964, wird Nikita Chruschtschow entmachtet. Breschnjew wird neuer Parteichef, Kossygin neuer Regierungschef.

Am 3. November 1964 wählen die Amerikaner den Texaner Lyndon B. Johnson, der als Kennedys Vize die Präsidentschaft übernommen hatte, für weitere vier Jahre. In Vietnam befinden sich zu diesem Zeitpunkt 16000 US-»Berater«; fünf Jahre später stehen 500000 amerikanische Soldaten im fernen »Nam«, wie die GI's es nennen.

In der Bundesrepublik Deutschland sind 1963 bereits eine Million Gastarbeiter tätig. Im übrigen tanzt man Twist und singt »Humba Humba Tätärä«. Die Mini-Röcke werden immer kürzer, mutige Mädels zeigen sich »oben ohne«, und die neue Freizügigkeit in Sachen Sex macht sich auch bald im Kino bemerkbar.

»Großmaul« Cassius Clay wird 1964 Boxweltmeister im Schwergewicht. Mit Siebdrucken von Marylin Monroe (die 1962 Selbstmord beging) macht sich Andy Warhol einen Namen und die »Pop«-Kunst zu einem Begriff. Ansonsten wundert sich die Welt, wie offen sich in der Bundesrepublik neonazistische Tendenzen zeigen: Am 28. November 1964 wird in Hannover die NPD gegründet, die sich »national demokratisch« nennt.

Heinz Erhardt läßt sich von 1962 bis 1964 zwar in sechs Filmen sehen, spielt aber nur ein einziges Mal (in *Ohne Krimi geht die*

Mimi nie ins Bett, 1962) eine der Hauptrollen. Die überläßt er in den anderen Filmen Schlager-Stars wie Vivi Bach, Peter Kraus und Rex Gildo oder Eisrevue-Stars wie Marika Kilius und Hans-Jürgen Bäumler – und einmal dem Theater- und Film-Star O.W. Fischer.

Drei dieser – durch die Bank niveaulosen oder mißglückten – Filme stammen von Regisseur Helmuth M. Backhaus, der schon als Drehbuch(mit)autor bei *Liebe auf Eis* (1950) fungiert hatte. Zu den Filmen *Die Post geht ab* (1962), *Apartment-Zauber* (1963) und *Wenn man baden geht auf Teneriffa* (1964) schreibt Backhaus entweder unter seinem eigenen Namen oder dem Pseudonym »Gregor Trass« jeweils auch die Drehbücher. Leider geht die Post da aber gar nicht ab; und baden gehen nicht nur gelegentlich die Darsteller, sondern meist auch Komik und Humor – um verwässert als Klamauk wieder aufzutauchen. In *Die Post geht ab* erbt Adrian Hoven, Trompeter, das Wrack eines kleinen Omnibusses. Notdürftig hergerichtet und »Co-lum-Bus« getauft, fährt die Band, zu der auch Gunnar Möller gehört, samt Sängerin Barbi Lothar (Vivi Bach) nach Italien. Mit unterwegs: Weinhändler Bodo Ratsam (Ralf Wolter) und seine Sekretärin. Abends in einer Scheune wird gespielt und gesungen und getanzt und der Landgendarm Sepp (Beppo Brem) besoffen gemacht. Als ihm seine Alte dafür später einen mit dem Kartoffelstampfer überzieht, bedankt sich Sepp für den »Gutenachtkuß«. Auf ungefähr diesem Niveau bewegt sich der ganze Film.

Heinz Erhardt spielt den Kaufmann Walter Eberhardt, der zusammen mit dem Schlager-Sänger Rudolf Lothar (Gerhard Wendland) und dem Schriftsteller Lukas Lenz (Wolf Albach-Retty) den »Kindern« nach Italien nachfährt, um sie etwas zu »beaugapfeln«, wie er sagt.

An einer Bar bestellt sich Eberhardt einen Wermut. »Einen trockenen?«, fragt der Barkeeper. »Einen flüssigen zum Trinken«, erwidert Eberhardt. Dann zieht er zum Erstaunen seiner beiden Freunde mit einer scharfen Mieze ab. Die junge Dame (Corny Collins) heißt Gina und ist eine italienische Millionenerbin, die Eberhardt mit seinem Sohn Harry (Claus Biederstaedt) verheiraten möchte.

So spielt Eberhardt dem Sohn den Verliebten vor, um ihn eifersüchtig zu machen. Er sei jetzt vernünftig genug in seinem Alter, um unvernünftig sein zu können, meint Eberhardt senior,

›Die Post geht ab‹: Heinz Erhardt und Claus Biederstaedt

und der Junior solle sich doch langsam an seine neue »Stiefmutter« gewöhnen. Natürlich verliebt sich Harry schon am gleichen Nachmittag in die Schöne. »Das ist ja unglaublich«, schimpft ihn der Vater, »hebe dich hinweg!« Selbstredend werden Gina und Harry doch ein Paar. »Manchmal muß man seine Kinder ja direkt zu ihrem Glück zwingen«, bemerkt Erhardt/Eberhardt – und artikuliert damit ein wichtiges Prinzip deutscher Erziehung. Im übrigen sorgen noch Kurt Großkurth als Tourist Teutobald Stolze und Chris Howland als englischer Archäologe für lauten Klamauk. Ansonsten wird viel gesungen von Bach, Howland und Wendland. Am Ende, weil *Die Post geht ab* hauptsächlich wohl als Platten-Promotion gedacht ist, werden einige der Songs noch mal wiederholt. Zuvor hat Heinz Erhardt auf die Vermutung des Schriftstellers Lenz, sein Roman, in der er das gerade

*›Axel Munthe, der Arzt von San Michele‹: Heinz Erhardt und
O. W. Fischer*

Erlebte eingearbeitet habe, könne vielleicht sogar verfilmt wer-
den, geantwortet: »Nein, das glaube ich nicht.« Hätte er nur
recht behalten … Der *Evangelische Filmbeobachter* nennt das
Ergebnis »ein Sammelsurium von Sketchs, denen das filmische
Etwas restlos fehlt.«
Ein Kuriosum wird Heinz Erhardts nächster Filmauftritt. In
Axel Munthe, der Arzt von San Michele (1962), einer italienisch-
spanisch-deutschen Koproduktion, spielt er Brunoni, den Im-
presario der Duse, die von Valentina Cortese dargestellt wird.
Für die Lebensgeschichte des schwedischen Modearztes,
Schriftstellers und Lebemannes Axel Munthe hat Produzent
Artur (»Atze«) Brauner nacheinander vier Drehbuchautoren
verpflichtet; doch auch das vierte Buch wird noch von Star
O. W. Fischer umgeschrieben, und der vorgesehene Regisseur
durch den Fischer-Freund Georg Marischka ersetzt.

Die *FAZ* bezeichnet das Ergebnis am 29. November 1962 als einen »Kitschfilm«, bei dem man sich für »grobe Effekte« und »die untere Geschmacksgrenze« entschieden habe. Zu Weihnachten 1962 schreibt die *Frankfurter Rundschau:* »(...) Man stelle sich Heinz Erhardt als Impresario der Duse vor, wobei das noch eine der natürlichsten Szenen des Films ist! Ansonsten schlimme Pose, Fischer-Faxen, Bild-, Seelen- und Spruchkrampf.«

Daraufhin kehrt Heinz Erhardt wieder zum Schlagerfilm zurück. Der nächste heißt *Ohne Krimi geht die Mimi nie ins Bett,* kommt aus Österreich, spielt in Italien, und wird von Vielfilmer Franz Antel inszeniert. Während Bill Ramsey am Anfang, zwischendurch und am Ende den Titelsong singt, bemüht sich Heinz Erhardt als Eiernudelfabrikant Konsul Keyser, beim

›*Ohne Krimi geht die Mimi nie ins Bett*‹: Heinz Erhardt und Harald Juhnke

173

Campingurlaub seine Tochter Marion (Ann Smyrner) mit seinem Syndikus Dr. Steffen (Harald Juhnke) zu verheiraten. Geheiratet werden möchte auch die Stewardess Barbara (Karin Dor), und zwar von ihrem einsiedlerischen Freund Lutz (Peter Vogel), der aber lieber angelt.

Trude Herr mimt diesmal – mit entsprechendem Akzent, versteht sich – eine Italienerin, die ihren Mann, den Polizeichef des Dorfes, immer betrunken macht, damit ihre Verwandten in Ruhe die Touristen ausplündern können. Außerdem singt sie den »Tango d'Amore«. Singen darf auch Gus Backus. Vor dem Happy End landen alle noch im Knast. Das Ganze ist unglaublich schwachsinnig.

Erheiternd ist allenfalls der Jugendentscheid der FSK vom 12. Oktober 1962, die den Film für Jugendliche unter 16 Jahren nicht freigibt: »(...) Die Mehrheit des Ausschusses war u. a. der Meinung, daß durch diesen Film eine nicht wünschenswerte Zeltplatzmoral proklamiert wird. Das junge Pärchen lebt wie Mann und Frau und ist ständig zweideutigen Situationen ausgesetzt. Auch die Dialoge lassen das klar erkennen, so daß die Freigabe des Films nur mit Schnittauflagen erfolgt ist. Die Altersgruppe der 12–15jährigen würde Wertvorstellungen übernehmen, die die Entwicklung zur gesellschaftlichen Tüchtigkeit beeinträchtigen.« Die Produktionsfirma erwirkt aber doch noch eine Freigabe ab 12.

Heinz Erhardts folgende Film-Urlaubs-Reise führt ihn nach Jugoslawien. Dort dreht Helmuth M. Backhaus Ende 1963 seinen *Apartment-Zauber* mit Schlager-Sänger Rex Gildo in der Hauptrolle. Der *Kölner Stadt-Anzeiger* meint dazu am 30. Mai 1964: »In Jugoslawien gedrehter Ansichtspostkarten-Film, mit Schlagern garniert; viele junge Mädchen, trotz namentlicher Nennung im Rolltitel nur anonyme Erscheinungen. Helmuth M. Backhaus inszenierte den Film mit bescheidenen Gags aus der untersten Schublade.«

Der Bonner *General-Anzeiger* widmet dem Film am 29. Juli 1964 etwas mehr Platz: »(...) Süßholzraspler Rex Gildo erlebt in Italien einen dürftig eingefädelten Apartment-Zauber, als er, nach einer Namensverwechslung, im Konkubinat mit zwei ›Bienen‹ leben muß, deren eine er schließlich erobert. Dabei hat er in der Reihenfolge einmal die Sittenpolizei, mehrere Besäufnisse mit traurigen Meditationen, eine nicht unverdiente Tracht Prügel und die permanente Anhänglichkeit seiner Germany-

Harald Juhnke, Vermummter, Ann Smyrner, Heinz Erhardt und Karin Dor in ›Ohne Krimi geht die Mimi nie ins Bett‹

Verlobten (mit Dauerschmollmund) zu überwinden. Aber er schafft's, dieser Hauptdarsteller! Denn er hat seine Lieder im Rucksack, von denen besonders das eine, ›Glück gehört dazu …‹, bei jeder Gelegenheit aufgespielt wird.

(…) Mit von der Partie – teils verliebt, teils verlassen, teils unangezogen, teils touristenartig: ein Portier, der mit trockener Kehle nicht arbeiten kann, der Erfinder des ›Senf-Service‹ Gunnar Möller und die sehr tugendhafte Helga Sommerfeld. Tolpatsch-Könner Heinz Erhardt ist auch dabei und liefert die einzigen spaßigen Passagen des Streifens.«

Wohl kaum wegen dieser freundlichen Worte, vielleicht aber wegen des angenehmen Klimas, entschließt sich Nichtschwimmer Heinz Erhardt 1964 dazu, noch einmal mit Helmuth M.

›Apartment-Zauber‹: Heinz Erhardt mit Gerti Gordon, Helga
Sommerfeld und Gitta Winter

Backhaus baden zu gehen, diesmal auf Gran Canaria. Im Presseheft zu *Wenn man baden geht auf Teneriffa* schreibt die Produktionsfirma: »Der Titel des Filmlustspiels (...) ist höchst dop-

pelsinnig, denn die jungen Leute, die seine Helden sind, tummeln sich nicht nur vergnügt im Meer, sondern machen auch trübe Erfahrungen.«

Die machen auch die Zuschauer des Streifens. Der *Katholische Filmdienst* spricht vom »Zischeln und Gähnen« des Kinopublikums und nennt das Ganze ein »allerdürftigstes deutsches Schlager-Lustspiel«. Diesmal kann auch Erhardt, der einen Reiseleiter namens Tristan Wentzel spielt, der in Wahrheit aber Meinungsforscher ist und sich über Pauschalreisen informieren will, nichts mehr retten. »Selbst dem gewieften Spaßvogel Heinz Erhardt verschlägt's die Sprache«, findet der *Filmdienst*.

Gar nicht mehr freundlich schreibt auch Kritiker »E.S.« am 22. September 1964 in der *Süddeutschen Zeitung:* »Nicht nur die sechs jungen Leute, die von ihren Eltern nach bestandenem

›Wenn man baden geht auf Teneriffa‹: Heinz Erhardt und Geneviève Cluny

177

Abitur einen Aufenthalt auf Gran Canaria finanziert kriegen – auch der Film (...) geht baden. Wenn das, was sich hier tummelt, deutsche Nachwuchstalente sind, dann ist Heidelinde Weis die neue Greta Garbo. Am ansehnlichsten posiert allenfalls noch Ursula Oberst. Sie kriegt wenigstens hin und wieder einen Satz über die Runden, ohne mimisch fünfmal ansetzen zu müssen, was man von (...) Helga Lehner oder Hannes Stütz, die nur durch krampfhaftes Verziehen des Gesichts zu verstehen geben, daß sie spielen, nicht gerade behaupten kann. Eine blödsinnige, gleichzeitig natürlich typische Handlung, ein stumpfsinniger Heinz Erhardt, eine vom deutschen Film mittlerweile restlos verschlissene Geneviève Cluny und ein chronisch farbloser Peter Kraus ergänzen sich würdevoll in diesem Lustspiel, das weder eine Lust noch ein Spiel ist.«

Aus heutiger Sicht gesehen begibt sich Heinz Erhardt nach seinen Bade-Ausflügen dann 1964 auch noch aufs sprichwörtliche Glatteis – in dem Eisrevue-Film *Die große Kür* mit dem Traumpaar Kilius/Bäumler, das nur auf dem Eis ein Paar war, es aber in diesem Film auch sonst werden durfte. Werden mußte, weil es ihre Mütter so verlangten, wie der *Spiegel* anmerkt, der in seiner Ausgabe vom 22. Juli 1964 süffisant schildert, wie sich Drehbuchautor Kurt Nachmann mit den beiden Damen herumärgern mußte, weil ihnen dummerweise vertraglich ein Einspruchsrecht bei Drehbuch- und Partnerwahl zugesichert worden war. Das Ergebnis, von Routinier Franz Antel in Szene gesetzt, fällt dementsprechend aus. »Der Film ist miserabel«, schreibt die Basler *National-Zeitung* am 26. November 1964. »Nur wer mit bibberndem Gemüt, feuchten Augen und einsatzbereiten Tränendrüsen ins Kino geht, kann ihn genießen. Es wird viel geredet. Es werden viele alte Kalauer erzählt. Es werden zweitrangige Varieténummern geboten. Es wird ein bißchen getanzt. Aber von der Kunst des Weltmeisterpaares sieht man wenig.«

Heinz Erhardt, dessen Rolle so klein ist, daß er in den meisten Besprechungen gar nicht erwähnt wird, spielt in *Die große Kür* den Manager Eberhard Traugott, der für eine amerikanische Eisrevue arbeitet und Marika verpflichtet, während Kollege Gunther Philipp als Konkurrenz-Manager Tommy Toifel für die Wiener Eisrevue arbeitet und Hans-Jürgen verpflichtet. Außerdem mit von der Partie: Peter Kraus, Paul Hörbiger, Mady Rahl, Peter Fröhlich, Marlene Warrlich, Wolf Albach-Retty, Marlene Rahn und Dorothee Parker.

Marika Kilius, so berichtet die *Frankfurter Rundschau* am 8. Oktober 1964, hat nach dem Film geäußert: »Einmal und nicht wieder.« Heinz Erhardt bleibt zwar beim Film, wechselt aber 1965 in ein ganz anderes Genre über. Versteht sich, daß er sich dabei trotzdem treu bleibt.

8. Ausflüge ins Abenteuer: 1965

Bei den Bundestagswahlen im September 1965 bleiben die Unionsparteien an der Macht und Ludwig Erhard Kanzler. Als Regierungschef aber hat der Wirtschaftsexperte keine glückliche Hand. Ein Jahr später, am 30. November 1966, tritt Professor Erhard zurück. Die »Große Koalition« kommt unter Kanzler Kiesinger (CDU) und Außenminister Brandt (SPD) an die Regierung.

Im Februar 1965 beginnen die USA mit systematischen Luftangriffen auf Nord-Vietnam. In den kommenden drei Jahren fallen auf Nord- und Süd-Vietnam doppelt so viele Bomben wie auf Deutschland während des gesamten Zweiten Weltkriegs. Die Bodenkämpfe gegen den Vietcong werden von Tausenden von Hubschraubern unterstützt. Doch der Dschungelkrieg ist nicht zu gewinnen. Am Ende des Jahrzehnts beklagen die Amerikaner 40000 Gefallene. Das Durchschnittsalter der in Vietnam kämpfenden US-Soldaten beträgt 19 (neunzehn) Jahre.

In Rotchina entfesseln die jugendlichen »Roten Garden« auf Maos Order hin 1966 die »Kulturrevolution«, die festgefahrene Denkgewohnheiten und Gesellschaftsstrukturen aufbrechen soll. Das menschenreichste Land der Erde stürzt für Jahre ins Chaos. Die USA erleben 1967 einen »heißen« Sommer: Rassenunruhen erschüttern die Nation; in Städten wie Detroit gehen ganze Straßenzüge in Flammen auf, die Nationalgarde wird eingesetzt. »Black Power« heißt die Parole. Doch Amerikas Schwarze bleiben im großen und ganzen weiterhin Bürger zweiter Klasse.

Am 10. März 1967 verursacht der verunglückte Supertanker »Torrey Canyon« im Ärmelkanal eine Ölpest ungeahnten Ausmaßes. Es ist nur eines von vielen Zeichen, die in den kommenden Jahren klarmachen, daß die Umweltbelastungen und -zerstörungen durch moderne Technologien unterschätzt und hochgespielt worden sind.

Konrad Adenauer, der 14 Jahre lang die deutsche Nachkriegspolitik bestimmt hat, stirbt 91jährig am 19. April 1967. Am 2. Juni 1967 wird bei Demonstrationen gegen den Besuch des Schahs von Persien in Berlin der Student Benno Ohnesorg von einem Beamten der Politischen Polizei erschossen. Demonstrationen und Straßenkämpfe gehören in den nächsten Jahren zum Alltagsbild in westlichen Nationen. Die Jugend rebelliert.

Im »Sechstagekrieg« gegen die Araber besetzen die israelischen Streitkräfte zwischen dem 5. und 10. Juni 1967 die Sinai-Halbinsel und andere Gebiete. Aber der Sieg bringt keinen Frieden. In Bolivien wird Guerilla-Führer Che Guevara am 9. Oktober 1967 von Regierungstruppen ermordet. Am 3. Dezember 1967 gelingt dem südafrikanischen Arzt Christian Barnard die Transplantation eines menschlichen Herzens.

Die westdeutsche Filmindustrie wird Mitte der sechziger Jahre von Verleih-Pleiten und Kino-Schließungen heimgesucht. Die »Altproduzenten« suchen in den nächsten Jahren unter anderem in der aufkommenden Sexfilmwelle Rettung – die »Aufklärungs«-Filme *Helga* und Oswald Kolles *Wunder der Liebe* machen 1967 den Anfang. Zwei Jahre zuvor aber haben sich bereits »Jungfilmer« an die Arbeit gemacht. Im September, Oktober und November 1965 beginnen die Dreharbeiten zu den Filmen *Abschied von gestern* (Regie: Alexander Kluge), *Es* (Regie: Ulrich Schamoni) und *Der junge Törleß* (Regie: Volker Schlöndorff). Zumindest künstlerisch wird der »Neue Deutsche Film« in Zukunft weltweit Anerkennung finden.

Auf der Suche nach publikumswirksamen Stoffen stößt die deutsche Filmindustrie seltsamerweise erst sehr spät auf einen der populärsten deutschen Schriftsteller: Karl May. 1962 macht *Der Schatz im Silbersee* (Regie: Harald Reinl) den Anfang einer Reihe von insgesamt 17 Karl-May-Verfilmungen, die 1966 mit *Das Vermächtnis des Inka* bereits wieder zu Ende geht.

In letzterem Film findet man Heinz Erhardt ebenso wieder wie in der 1965 gedrehten Karl-May-Adaption *Der Ölprinz*. Der Komiker ist in das Genre des Abenteuerfilms übergewechselt. Was aber nicht bedeutet, daß er jetzt mit Colts herumfuchteln und um sich schießen würde. »Ich kann diese Knallerei nicht vertragen«, sagt er auch prompt einmal zu Old Surehand. Erhardt verschießt nur weiterhin seinen Humor und seine Wortwitze. Außerdem währen seine Ausflüge ins Abenteuer nur dieses eine Jahr.

Heinz Erhardt mit ›Blauhaut‹ in ›Der Ölprinz‹

Der Ölprinz handelt davon, daß der schurkische Titelheld (Harald Leipnitz) sich am Verkauf einer – vermeintlichen – Ölquelle bereichern möchte. Dabei gerät ihm ein Treck von Siedlern in die Quere, der sich just auf diesem Gelände niederlassen will. Deshalb versucht der Übeltäter, zwei Indianerstämme gegen die Weißen aufzuhetzen. Das aber können die Freunde Old Surehand (Stewart Granger) und Winnetou (Pierre Brice) gerade noch rechtzeitig verhindern.

Heinz Erhardt spielt den Kantor Hampel, der »selig lächelnd komponiert, während um ihn herum die Pfeile schwirren«, wie die *Nürnberger Nachrichten* am 27. August 1967 schreiben. Einmal beschwert sich der naive »Klimperer«, wie ihn Filmganoven verächtlich nennen: »Ich biete mich an wie Sauerbier, um aus meiner Oper vorzuspielen, aber keiner hat Zeit zuzuhören.« Winnetou nimmt sich die Zeit, und schon kommen alle anderen, um auch zuzuhören.

Im Presseheft zum *Ölprinz* beschreibt Heinz Erhardt in seinem unnachahmlichen Stil Erlebnisse bei den Dreharbeiten zu seinem ersten Actionfilm. Hier sein Bericht: »Täglich, wenn die Sanduhr erst fünf oder sechs tickte und die Sonne zischend aus der Adria stieg, warfen sich schon die Schatten mitsamt ihren Ereignissen auf mich. Ich wurde geschminkt. Da lief mir so mancher Stein über die Leber. Sodann karrte man mich auf einem Kriegspfad zum Ort des Getümmels. Auf dem Weg traf ich oft ein paar Indianer, die ganz aus dem Zeltchen waren, weil sie im Matsch staken und ebenso viele Schwierigkeiten hatten, heraus zu kommen, wie damals Ariadne ohne Faden. Manchmal rief einer um Hilfe, aber ich konnte nicht nach jeder Rothaut Friedenspfeife tanzen.

Am Drehort angekommen, ging ich unbehenden Fußes zum Wohnwagen. Denn es regnete meist. Es waren noch kaum Indianer da und ein Indianer macht bekanntlich keinen Sommer. Erst wenn die anderen Blauhäute – so kalt war es – kamen, wagten sich ein paar Millieinheiten Sonne hervor. Oft sträubte sich mir die Gänsehaut, daß ich am liebsten aus derselben fahren mochte. Da saß ich nun, ernst wie die jugoslawische Landschaft. Doch Winnetou rief, und alle, alle kamen. Auch ich stellte mich vollzählig ein. Ich wußte, ich mußte meine Rolle biegen oder brechen.

Eines war klar: Das da waren keine Lorbeeren, auf denen gut ruhen ist. Im Gegentum: Unbarmherzig trat oft, trotz der Kälte, Exel, der Erfinder des gleichnamigen Schweißes, in Aktion und streute einem denselben in die Augen. Oft wollte ich me nothing you nothing, wie der Engländer sagt, Fersendinar geben. Ich bin indes kein Mäuser, der sich unter jeder Schicksalsohrfeige duckt. Inmitten gefährlicher Scharen, die nichts als Mützel im Kopf haben, war es schwer zu wissen, wo der eigene steht. Und wie man dann suchen mußte, wenn man dann die Hände über ihm zusammenschlagen wollte. (...)

Immerhin hing eine ganze Weile das Damoklespferd über mir. Ich hatte Angst vor diesen Raubtieren und deshalb im Vertrag, daß ich keines zu besteigen brauchte. Pferde sind das reinste Indianergeschenk. Kaum wollte ich in bester Absicht dem Gaul von Harald Leipnitz Zucker reichen, da biß er mich in den Finger, der nun eine einzige Quetschwunde war. Ein Königreich für kein Pferd! Solange die Quetschwunde reichte, ging ich mit ihr an der Hand und mehreren Klößen im Hals zum Mittagessen. Dieses wurde aus sogenannten Lunchtüten verabreicht, deren Inhalt oft blähte. So wurde ich in reiferem Alter auch noch zum Blähboy.

Schlechter noch erging es den Leuten, die auf dem Fluß mit dem Floß arbeiten mußten. Pierre Brice zog sich auf dem Floß ebenfalls eine Quetschwunde am Finger zu. Ich tröstete ihn mit dem immer hilfreichen Satz: ›Geteilter Quetsch ist halber Schmerz, doch ist's beleibt auch kein Scherz‹. Pierre hatte die Stirn, sie zu runzeln. Das Floß mußte vier Stunden hinan getragen werden

Gibt ein Liedchen zum besten: Heinz Erhardt in ›Der Ölprinz‹

und wenn dann – während es munter stromabwärts trieb – die Sonne ausging, hob das Ganze von vorn wieder an. Die reinste Syphilisarbeit. Im Kleinen und Halben folgte ein Wirr dem Warr. Ich konnte feststellen, nahm aber lieber locker an: Auch mit dem Film hat man sein Theater.«

Soweit Heinz Erhardt – oder sein Geisterschreiber. Bei Presseheften weiß man nie, wer seine Finger in der Schreibmaschine gehabt hat.

Dreht man den *Ölprinz,* wie die meisten Karl-May-Filme, noch in Jugoslawien, so entsteht die aufwendige deutsch-italienisch-spanische Koproduktion *Das Vermächtnis des Inka* Ende 1965 zum Teil an Originalschauplätzen in Peru, zum Beispiel in der Ruinenstadt Machu Pichu; die übrigen Aufnahmen finden in Bulgarien und Spanien statt.

›Der Ölprinz‹

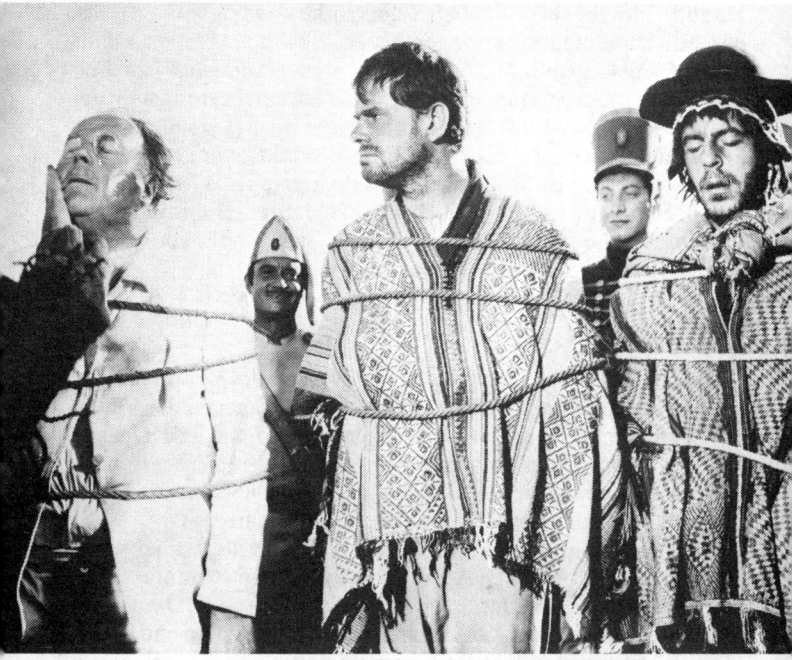

Kaum wiederzuerkennen: Heinz Erhardt, Walter Giller und Chris Howland in ›Das Vermächtnis des Inka‹

Die Story des Films handelt von einem fanatischen Priester, der den von ihm aufgezogenen Sohn des letzten Inka-Königs benutzen will, um Rache an den verhaßten weißen Männern zu nehmen. Das verhindern Guy Madison und in gewisser Weise auch Heinz Erhardt, der seine Ähnlichkeit mit einem peruanischen Offizier dazu nutzt, in den Lauf der Ereignisse einzugreifen.

Heinz Erhardt spielt den deutschen Universitätsprofessor Morgenstern, der in der Pampa nach vorsintflutlichen Knochen graben will. Dabei unterstützen ihn der Überlebenskünstler Fritz Kiesewetter (Walter Giller) und der »einheimische« Führer Don Parmesan (Chris Howland), der immer nur »Si« – und dann ein- oder zweimal auch »No« sagt. Heinz Erhardt aber bleibt Heinz Erhardt: »Ich glaube, dahinten kommen Reiter, und dann noch zu Pferde …«

185

Rudolf Thome, damals noch Filmkritiker, wenig später einer der ernstzunehmenden jungen Regisseure des »Neuen Deutschen Films«, urteilt am 6. Juli 1966 in der *Süddeutschen Zeitung:* »(…) *Das Vermächtnis des Inka* ist der beste bisher gedrehte Karl-May-Film und zweifellos eine der gelungensten kommerziellen deutschen Nachkriegsproduktionen.«

Wie erwähnt, es ist bis auf weiteres die letzte Karl-May-Verfilmung. Es ist auch – für die nächsten drei Jahre – Heinz Erhardts letztes Filmabenteuer. Erst 1968 läßt er sich wieder vor die Kamera holen – und dann auch nur zu Gastauftritten.

9. Lustlose Lüstlinge: 1968/69

Die sechziger Jahre gehen sehr unruhig zu Ende. 1968 macht die »Außerparlamentarische Opposition« (APO) gegen das »Establishment« mobil; die Hippies dagegen propagieren Drogen und »Drop out« – das Aussteigen aus der gehaßten Gesellschaft; Kommunen praktizieren zwischenmenschliches Zusammenleben auf – wie man heute sagen würde – alternative Art.

Die Auflehnung gegen Althergebrachtes fordert aber auch ihren Blutzoll: Am 11. April 1968 macht ein Attentat Rudi Dutschke, den Chefideologen des »Sozialistischen Deutschen Studentenbundes« (SDS), zum Krüppel. Kurz zuvor sind in den USA Justizminister Robert Kennedy und Negerführer Martin Luther King ermordet worden. Bei keinem der Attentate kann eine Verschwörung nachgewiesen werden.

Am 3. Mai 1968 revoltieren in Frankreich junge Intellektuelle und auch Arbeiter; auf Barrikaden in Paris wehen rote und schwarze Fahnen; am 13. Mai kommt es sogar zu einem Generalstreik. Doch dann zerschlägt die berüchtigte französische Bereitschaftspolizei CRS den anarchistischen Aufstand. Am 30. Mai 1968 nimmt der deutsche Bundestag die Notstandsgesetze an, die im Falle »innerer und äußerer Bedrohung« sämtliche Bürgerrechte erheblich einschränken oder außer Kraft setzen.

Im August 1968 beenden russische Panzer in der CSSR den »Prager Frühling« – eine leichte Lockerung des harten kommunistischen Kurses. Die tschechoslowakische Armee greift nicht ein; in ohnmächtiger Wut aber demonstriert die Zivilbevölkerung, Panzer gehen in Flammen auf, die Soldaten schießen auf die Bürger. Am 5. November 1968 wird Richard Nixon zum neuen US-Präsidenten gewählt. Obwohl »Tricky Dick«, wie man ihn schon lange nennt, mit dem Rückzug aus Vietnam beginnt und die amerikanische Nation nach und nach von einem Trauma befreit (das trotzdem noch lange Jahre nachwirken wird), schafft er später ein neues: Das Wort »Watergate« wird zu einem Synonym für kriminelle Machenschaften der politischen Führungsspitze.

In der Bundesrepublik entstehen 1968 insgesamt 89 Spielfilme; fast die Hälfte davon sind Sexstreifen. Werner Herzog macht mit seinem ersten Spielfilm *Lebenszeichen* auf sich aufmerksam; das Team May Spils und Werner Enke liefert mit *Zur Sache, Schätzchen* eine Komödie, die besonders der Jugend gefällt.

Heinz Erhardt tritt 1968 nach dreijähriger Kino-Pause nur in einem einzigen Film auf – und das im Fernsehen! Als Professor Klemmke begrüßt er in *Otto ist auf Frauen scharf* die Zuschauer des TV-Ratespiels »Was bin ich?« mit den Worten: »Meine Damen und die, die Ihnen nachlaufen ...« An Klemmkes Seite sitzt sein Freund Blacky, ein Bernhardiner, und er – Klemmke, nicht der Bernhardiner – trinkt einen Himbeergeist und dann »noch'n Himbeergeist«. Da das Rateteam nicht da ist, muß Klemmke selber raten; dazu holt man einen »Mann von der Straße« – und der ist ausgerechnet Otto Zander. Weil er gerade fälschlicherweise als Betrüger gesucht wird, flieht er vor den Fernsehkameras. »Ihr Schweinderl«, ruft ihm Erhardt/Klemmke hinterher, und damit ist sein Gastauftritt beendet.

Ansonsten geht es in *Otto ist auf Frauen scharf* (Regie: Franz Antel) um den frauenfeindlichen Prokuristen Otto Zander (Gunther Philipp). Der muß lustlos den Lüstling spielen, um seinem Casanova-Chef (Dietmar Schönherr) aus einer Patsche zu helfen, die ihm die schöne Gloria (Terry Torday), Tochter des Konzernherrn, eingebrockt hat.

Bill Ramsey singt den Titelsong, Rex Gildo den Schlager »Wie eine Sinfonie«, und Christiane Rücker zeigt rote Unterwäsche und viel Haut. Mit von der nur beschränkt lustigen Partie: Edith Hancke, Hubert von Meyerinck, Willy Millowitsch, Ralf Wolter, Beppo Brem, Franz Muxeneder und andere.

Also nichts Neues an der Lustspielfront. Dagegen ändert sich 1969 die politische Szene in der Republik: Mit Gustav Heinemann wird im März ein liberaler Sozialdemokrat Bundespräsident. Aus den Wahlen im September geht die SPD als Sieger hervor. In der »Kleinen Koalition« aus SPD und FDP werden Willy Brandt Bundeskanzler und Walter Scheel Außenminister. Die DDR feiert 1969 ihr 20jähriges Bestehen. Von Wiedervereinigung spricht niemand mehr. Dafür aber nähern sich die beiden deutschen Staaten einander (1970 Treffen Brandt-Stoph). Der Grenzverkehr wird erleichtert, die Wirtschaftsbeziehung intensiviert. Die Mauer bleibt.

Am 20. Juli 1969 erleben 500 Millionen Fernsehzuschauer in aller Welt, wie Astronaut Neil Armstrong als erster Mensch (mit dem linken Fuß zuerst) den Mond betritt. Auf der Erde hapert es mit der Technik noch da und dort. Die Bundeswehr feiert ein makaberes Jubiläum: Am 13. Oktober 1969 stürzt der 100. Starfighter ab. 54 Piloten haben bei den Abstürzen des überzüchteten Jagdjets ihr Leben verloren.

Filmmäßig versuchen die Altproduzenten, von den Jungfilmern verächtlich »Schnulzen-Kartell« genannt, sich weiterhin mit leichter Unterhaltungsware über Wasser zu halten. Daran ändert zunächst auch das neue Filmförderungsgesetz nichts, weil es zum Vorteil der Altbranche konzipiert ist.

Heinz Erhardt läßt sich 1969 in drei Filmen der Marke »leichtes Lustspiel mit einem Schuß Sex« mehr oder weniger kurz sehen. In *Charley's Onkel* mehr kurz und sehr kurz – etwa 90 Sekunden lang. Er absolviert einen Mini-Auftritt als Vertreter für ein Spray namens »Sprühteufelchen«, eine Art Luftbefeuchter mit Duft, in den Größen »A, B und Cis«. Der Preis: »Da legen Sie sich glatt hin – 320 Mark für zwei Personen.« Niemand will kaufen. »310?«, fragt er zaghaft. Dabei spritzt er die ganze Zeit Willy Millowitsch an. Und weil seine Aktionen im Apartment eines Callgirls erfolgen, sind sie doppel(t)deutig lustig.

Charley's Onkel, von dem Pennäler- und Heintje-Film-Fachmann Werner Jacobs in Szene gesetzt, handelt von der Fahrlehrerin Carla (Gila von Weitershausen), die Charley genannt wird, und die in das Apartment ihrer Callgirl-Freundin Lilo (Heidy Bohlen) zieht, was zu vielerlei Verwechslungen führt. Daran beteiligt, unter anderen: Karl Michael Vogler, Gustav Knuth, Erna Sellmer, Gunther Philipp, Edith Hancke, Hubert von Meyerinck, Ralf Wolter und Andrea Rau, die sich auch auszieht – was die anderen glücklicherweise nicht tun. Der Zeitgeist zieht in Gestalt von Blödler Ingo Insterburg in den Film ein: Er schimpft auf die »Scheißbürgerlichkeit«, schmarotzt sich dabei aber nur durch.

›Charley's Onkel‹: Heinz Erhardt, Gila von Weitershausen, Willy Millowitsch

In der italienisch-deutschen Koproduktion *Warum hab' ich bloß 2 x ja gesagt?*, die später auch unter dem Titel *Der liebestolle Schlafwagenschaffner* läuft (und noch später mit dem Titel *Doppelt verheiratet hält besser* als Video-Kassette herauskommt), tritt Heinz Erhardt immerhin in drei Szenen auf und löst ungewollt die Katastrophe aus.

Unter der Regie von Franz Antel pendelt der Schlafwagenschaffner Vittorio Coppa (Lando Buzzanco) lustvoll zwischen seinen beiden Ehefrauen (Terry Torday und Raffaela Carra) an den Endstationen seiner Strecke München-Rom hin und her. Das wird dem Lüstling aber zur Last, als Herr Weichbrodt (Heinz Erhardt) aus dem Münchner Zentralbüro der Schlafwagengesellschaft anruft (während Vittorio gerade mit seiner

›Klein Erna auf dem Jungfernstieg‹

deutschen Frau im Bett liegt), und ihm erklärt, er müsse für einen Kollegen einspringen. Dadurch gerät sein Fahrplan durcheinander und der Film in Fahrt.

Herr Weichbrodt ist ein sehr nervöser und vergeßlicher Mensch. »Himmel, Gesäß und Nähgarn«, flucht er, als er eine Karteikarte nicht finden kann. »Bei uns in der Kartei herrscht Ordnung«, erklärt er, und dann schmeißt er erst einen ganzen Stapel Karteikarten runter und den Telefonhörer trotzig auf.

Später muß Coppa zu Weichbrodt ins Büro. Der eröffnet ihm, er habe ein großes Bedürfnis und möchte diesem gerne freien Lauf lassen – recht herzlich zu gratulieren: Coppa soll in die Verwaltung versetzt werden. Vittorio ist entsetzt. Derweil rufen Peter Weck und Andrea Rau an (ja, sie zieht sich wieder aus), die ihre Pässe im Zug verloren haben. Weichbrodt ist wirklich sehr zerstreut: Nach dem Telefongespräch steckt er den Hörer in seine Hosentasche.

In der dritten Szene schließlich gibt Weichbrodt Vittorios römischer Frau versehentlich Coppas Münchner Adresse. Das führt letztendlich zu seiner Verurteilung als Bigamist, wobei sich herausstellt, daß er noch eine dritte Frau hat. Das alles aber hindert ihn nicht daran, als er nach Verbüßung seiner Strafe die Strecke Rom-Paris fährt, auch noch eine Französin zu heiraten. »Ein Trauerspiel«, meint der *Katholische Filmdienst.*

Nicht gerade ein Ausbund intelligenten Humors wird auch der Schwank *Klein Erna auf dem Jungfernstieg* (Regie: Hans Heinrich), der später mit dem Titel *Eine verrückte Familie* als Video-Kassette herauskommt. Die vorherrschenden Wortwitze wer-

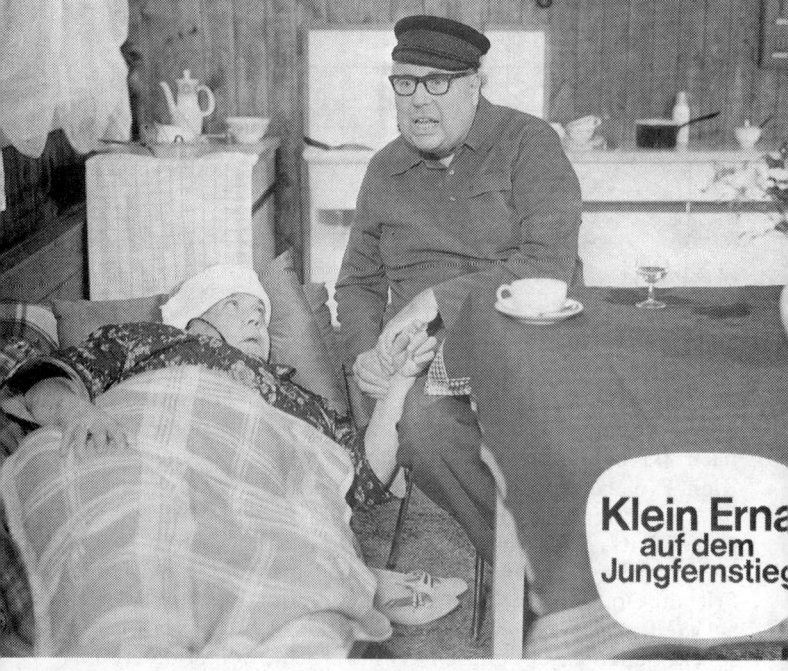

Der Drachen ist besiegt: Erna Sellmer und Heinz Erhardt in ›Klein Erna auf dem Jungfernstieg‹

191

›Warum hab' ich bloß zweimal ja gesagt?‹: Heinz Erhardt und Lando Buzzanca

den entweder dem neunmalklugen Gör in den Mund gelegt oder kommen aus demselben von Heinz Erhardt. Als Onkel Fritz mit Helmut-Schmidt-Mütze leidet er unter der Fuchtel seiner resoluten Ehefrau Martha (Erna Sellmer). Allerdings taucht er erst nach 30 Filmminuten auf. Er hütet Hunde.

Klein Erna befreit einige Hunde aus einem Käfig und sperrt dafür Tante Martha in einen anderen. »Die armen Hunde«, sagt Onkel Fritz. Nach einiger Zeit stellt er fest: »Mich hungert«; aber Martha will kein Essen kochen. Daraufhin bringt Onkel Fritz ihr Orangensaft – gemixt mit Spülmittel. Er selbst hält sich an »Selterswasser« – Schnaps in Wirklichkeit. Tanta Martha spuckt Seifenblasen, und Onkel Fritz lacht, weil er doch sonst nichts zu lachen habe. »Du hast aber einen schäumenden Humor«, meint er zu Martha.

Loni Heuser bringt einen weißen, schick getrimmten Pudel. »Lassen Sie den Herrn Hund ruhig hier, das macht so gut wie wenig«, erklärt Fritz. Da Tante Martha wieder schäumt, schlägt Klein Erna vor, die Feuerwehr zu rufen. Onkel Fritz holt daraufhin »die kleinen blauen Männchen in den kleinen roten Wägelchen«. Als Martha in den Rettungswagen verladen wird, sagt er: »Ab dafür – Aphrodite, schaumgeborene!«

Da ihm Martha nach ihrer Rückkehr schon wieder seinen Schnaps verbieten will, haut er auf den Putz und droht damit, ihr eine Zwangsjacke verpassen zu lassen (wegen ihrer »Tollwut«). Martha verspricht daraufhin, fortan netter zu ihm zu sein.

Ein depperter Bayer kommt in *Klein Erna auf dem Jungfernstieg* auch vor; die süße Andrea Rau leider nicht.

Nach all diesem Un- und Schwachsinn kann Heinz Erhardt im nächsten Jahr endlich einmal mit einem hervorragenden Regisseur zusammenarbeiten. Auch wenn er nicht die Hauptrolle spielt, hat das Ergebnis doch seine Reize.

10. Was ist bloß mit dem deutschen Film los: 1970/71

Computer und Container, Pille und Porno, Energiekrisen und Elektronik-Errungenschaften, Überbevölkerung und Unterernährung, Mikrochips und Multis mit Milliardengewinnen, Inflation und Informationsflut, Tourismus und Terrorismus, beide zunehmend internationalisiert, Sex & Drugs & Rock'n'Roll – und viele andere Dinge mehr bestimmen das Leben in den siebziger Jahren. Wachstum als Wert an sich wird in Zweifel gestellt. In der Ära Brandt und Schmidt stehen stets soziale Fragen im Vordergrund des Wähler-Interesses.

Während Rainer Werner Fassbinder 1969 mit *Katzelmacher* und *Liebe ist kälter als der Tod* die ersten zwei von mehr als 40 Spielfilmen (in den nächsten 13 Jahren) dreht, und er zu einem der bekanntesten und bedeutendsten Regisseure des Neuen Deutschen Films wird, klammert sich der alte deutsche Film nach wie vor an das Rezept, einmal Erprobtes bis zum Erbrechen zu reproduzieren. Erweist sich eine Formel als erfolgreich, wird gleich eine ganze Welle daraus. Einige dieser Wellen sind Ende der sechziger Jahre aber bereits verplätschert oder laufen gerade aus: die *Jerry Cotton*-Filme mit George Nader, die *Kommissar X*-Filme mit Tony Kendall, die Edgar-Wallace-Verfilmungen mit wechselnden Besetzungen, und die Karl-May-Western. Nur Simmel-Verfilmungen haben weiter Konjunktur.

Andere Wellen dagegen erreichen Anfang der siebziger Jahre ihren Höhepunkt oder rollen gerade an. Mit den *Schulmädchen-Reports* macht Produzent Wolf C. Hartwig mit seiner Firma »Rapid Film« rapide Gewinne; das gleiche gilt für den Ex-Fuhrunternehmer Alois Brummer und seine bayerischen Sexfilme. Die Österreicherin Terry Torday tummelt sich, nachdem sie auch in einigen Heinz-Erhardt-Filmen zu sehen war, zwischen 1968 und 1973 in sechs *Frau Wirtin*-Sexfilmen. Von Aufklärungs-Spezialist Oswald Kolle erscheinen von 1967 bis 1972 acht *Oswald Kolle*-Filme mit Ratschlägen für's Liebesleben. Beliebt sind auch die *Lümmel*-Filme, meist mit Hansi Kraus und Uschi Glas, von denen zwischen 1968 und 1972 gleich ein ganzes Dutzend gedreht werden. Im Ausrollen begriffen ist die *St. Pauli*-Filmwelle; immerhin entstehen von 1962 *(Zwischen Shanghai und St. Pauli)* bis 1971 *(Jürgen Rolands St. Pauli-Report)* 20 Filme, die sich um Hamburgs Reeperbahn drehen.

Ein Auszug aus der 70er Produktion des deutschen (Alt-)Films macht daher klar, was los ist: *Schulmädchen-Report – Was Eltern nicht für möglich halten* (Regie: Ernst Hofbauer); *Graf Porno bläst zum Zapfenstreich* (Regie: Alois Brummer); *Frau Wirtin bläst auch gern Trompete* (Regie: Franz Antel); *Wir hau'n die Pauker in die Pfanne* (Regie: Harald Reinl); *Oswald Kolle – Dein Mann, das unbekannte Wesen* (Regie: Werner M. Lent); *Das Stundenhotel von St. Pauli* (Regie: Rolf Olsen); *Josefine Mutzenbacher* (Regie Hans Billian); letzterer gleich in zwei Fassungen: eine »soft« für die normalen Kinos, eine »hard« für die Porno-Schuppen.

Eine der Folgen des künstlerischen und kommerziellen Zusammenbruchs der deutschen Filmwirtschaft besteht darin, daß die Regisseure des Neuen Deutschen Films mehr und mehr Gelder von den Fernseh-Anstalten in Anspruch nehmen müssen. Dies führt allerdings auch dazu, daß die verantwortlichen TV-Redakteure Einfluß auf Inhalte und Stile nehmen. Zunehmend auch wird der deutsche Film von Subventionen aller Art abhängig (»Gremien-Kino«). Die Meinungen darüber, ob diese Entwicklungen gesund sind, bleiben bis heute geteilt.

Damals jedenfalls greift man auf der Suche nach »neuen« möglichen Kassenschlagern auch wieder auf Heinz Erhardt zurück. Schließlich waren seine Filme, besonders in den fünfziger Jahren, immer kommerzielle Erfolge. So dreht man 1970/71 hintereinander vier *Willi*-Filme, in denen Heinz Erhardt jeweils die Titelrolle spielt.

Zuvor aber arbeitet Heinz Erhardt mit einem Regisseur, der talentierter ist als die insgesamt 20 (!) anderen Regisseure, mit denen er im Lauf seiner Karriere Filme macht: Wolfgang Staudte. Die anderen Regisseure, die man Heinz Erhardt an die Seite stellt, gehören durch die Bank in die Kategorie der Routiniers, der soliden Unterhaltungs-Handwerker bestenfalls. Keiner von ihnen besitzt einen persönlichen Stil, keiner von ihnen bevorzugt ein bestimmtes Genre.

Das alles trifft auf Staudte nicht zu: Er zeigt in seinen Filmen stets ein kritisches Engagement, beleuchtet die Gegenwart und die Vergangenheit der Gesellschaft, in der er lebt und arbeitet. Gearbeitet hat er nach dem Krieg zuerst für die DEFA in Ostberlin, was man ihm später, nachdem er in die Bundesrepublik übergewechselt ist, oft noch übelnimmt.

Damals aber dreht er so beeindruckende Filme wie *Die Mörder sind unter uns* (1946), *Rotation* (1948) und *Der Untertan* (1951). Später beweist er bei der Wahl seiner Stoffe nicht immer eine glückliche Hand; sein letzter Film *Zwischengleis* (1978) gerät ihm sogar schnulzig.

1969/70 aber zeigt Wolfgang Staudte in *Die Herren mit der weißen Weste* noch einmal Ansätze seines satirischen Talents. Da führt Martin Held als Oberlandesgerichtsrat a.D. Herbert Zänker eine Rentner-Gang an, um einer Ganovenbande und ihrem Boss Bruno, genannt Dandy (Mario Adorf), die ihm während seiner Dienstzeit durch die Lappen gegangen war, den Garaus zu machen. Zu diesem Zweck führt die Senioren-Truppe einige Raubzüge durch, um sie Bruno und seiner Bande in die Schuhe zu schieben.

Die Pensionisten-Gang besteht außer aus Zänker aus seiner schwerhörigen Schwester Elisabeth (Agnes Windeck), dem Diplom-Ingenieur Stademann (Rudolf Schündler), dem Kriminalrat a.D. Sikorski (Willy Reichert) – und dem Studienrat a.D. Heinrich Scheller (Heinz Erhardt). Wo immer Scheller auftaucht, auch bei den Raubzügen, hat er – entweder in einer Tragetasche auf dem Rücken oder in einem Wagen – ein Kind bei sich. Er betätigt sich nämlich nebenberuflich als Babysitter.

›Die Herren mit der weißen Weste‹: Martin Held (links), Agnes Windeck (Mitte), Heinz Erhardt (rechts) Partner

Einmal merkt er dazu an: »Das ist kein Nebenberuf, das ist eine Mission.«

Heinz Erhardt bleibt auch bei Wolfgang Staudte Heinz Erhardt. In *Die Herren mit der weißen Weste* macht er kaum mehr, als einige Gedichte aufzusagen. Dabei hat der Vierzeiler »Zellen« noch den stärksten Bezug zum Film: »Das Leben kommt auf alle Fälle/aus einer Zelle./Doch manchmal endet's auch – bei Strolchen! –/in einer solchen.« Seine Kurzdichtung über »Die Starlets« wendet Erhardt hier auf die sich dämlich benehmenden Ganoven an: »Jetzt weiß ich endlich auch, wieso/sie Köpfe haben! – Soll ich's sagen?/Sie brauchen dann das viele Stroh/nicht in der Hand zu tragen!«

Da Heinz Erhardt erst relativ spät ins Filmgeschäft einsteigt, haben seine Regisseure es von Anfang an mit einer voll entwickelten Persönlichkeit und einer weitgehend festgelegten komischen Figur zu tun, die Erhardt zwar in Details verbessert, die aber nicht radikal veränderbar oder entwicklungsfähig ist – die man nicht grundlegend anders »stylen« kann, wie man heute sagen würde. So ist verständlich, daß Regisseur Helmuth M. Backhaus einmal anmerkt, Heinz Erhardt habe man nicht »inszenieren« können, er habe stets »seine« Sache gemacht. Letztendlich konnte er auch gar nicht anders – das Publikum hätte es ihm wohl nicht abgenommen.

So wird auch verständlich, daß Heinz Erhardt 1970 – im Einvernehmen mit der kriselnden Filmindustrie – in *Was ist denn bloß mit Willi los?* auf eine Rolle zurückgreift, mit der er auf der Theaterbühne (mehr als 500 mal) Erfolg gehabt hatte: die des

Süße Last: Heinz Erhardt mit Filmkind in ›Die Herren mit der weißen Weste‹

kleinen Finanzbeamten Willi Winzig aus dem Stück *Das hat man nun davon*. Und weil das ganz gut funktioniert, entsteht gleich eine ganze *Willi*-Reihe; drei der Filme inszeniert Werner Jacobs, einen *(Das kann doch unsern Willi nicht erschüttern)* Rolf Olsen.

Beide Regisseure sind Unterhaltungs-Routiniers, die wissen, was sie ihrem Hauptdarsteller schuldig sind. Sie lassen ihm freie

Schwere Last: Heinz Erhardt mit Filmganove in ›Die Herren mit der weißen Weste‹

Bahn. Und so kann Heinz Erhardt in seinen letzten vier Filmen noch einmal alle Register seines komischen Könnens ziehen.

Als Finanzbeamter Willi Winzig in *Was ist denn bloß mit Willi los?* hat Heinz Erhardt ein großes Herz – besonders für kleine Steuerzahler. In Härtefällen läßt er deren Akten in einem Luftschacht verschwinden. Die Sachen gehen ihm so nah, weil sie zu weit gehen, erklärt er einmal. Als sein pflichtwidriges Verhalten drei Wochen vor seiner Pensionierung ans Licht kommt, will man ihm die Hälfte seiner Pension streichen. Freund und Kollege Klein (Ralf Wolter) rät Willi, »verrückt« zu spielen, damit man ihn nicht verantwortlich machen kann. Winzig gibt sich große Mühe; aber Staatssekretär Kuhländer (Willy Reichert) hält ihn für den »normalsten Beamten«, dem er je begegnet sei. »Ich werd' verrückt«, sagt Winzig.

Durch weiteres »Fehlverhalten« – unter anderem sorgt Winzig durch eine Ohrfeige für den Rücktritt des Staatssekretärs, der diesen Job ohnehin loswerden wollte – wird Winzig erst zum Oberregierungsrat und dann sogar zum Ministerialrat befördert. Letzteres aber lehnt er ab – er möchte jetzt in Pension gehen – in »Voll-Pension«.

Die Film-Fassung des Theater-Stücks hat man um einige Nebenfiguren und Nebenhandlungen erweitert. Neu ist zum Beispiel Winzigs Kollege Klein – hauptsächlich, um mit ihm am Anfang auf einem Tandem zur Arbeit zu fahren und dabei den Titelsong (der auch gleichzeitig der Untertitel des Films ist) zu singen: *Grüß Sie Gott, Frau Stirnima!*. Frau Stirnima (Helen Vita), Winzigs Wirtin, die ein Auge auf ihn geworfen hat, kommt im Theater nicht vor. Auch nicht Helga (Stella Mooney), die Tochter von Willis Zwillingsbruder Otto (was Heinz Erhardt Gelegenheit zu zwei Doppelauftritten gibt); Helga ist ausgerissen, um ihrem Liebsten Frankie (Rex Gildo) näher zu sein. Letzterer singt – man will ja auch etwas für die Jugend tun – im Film völlig unmotiviert die Songs »Love a Little Bit, Belinda«, »Keine Macht auf Erden ist so stark wie wir« und »Sag' mir bloß, was ist mit Dir los? – Hast Du Angst vor der Liebe?«

Heinz Erhardt wiederholt hauptsächlich die erprobten Gags und Scherze aus *Das hat man nun davon,* die auch auf einer Doppel-LP erhältlich sind (siehe Discografie am Ende dieses Buches). Einem Opa mit Steuersorgen sagt er: »Nun werfen Sie mal das Kind nicht gleich ins Korn, die Flinte ist ja noch nicht in den Brunnen gefallen.« Seinen Chef tituliert er »Schwotte« –

Die Finanzbeamten Klein (Ralf Wolter) und Winzig (Heinz Erhardt)
auf dem Weg zur Arbeit: ›Grüß Sie Gott, Frau Stirnima!‹

eine Mischung aus Schwabe und Schotte. Seine Sekretärin Frau
Engel (Ruth Stephan) nennt er einmal »großer weißer Vogel«,
weil er wegen der Gewerkschaft ja nicht »dumme Gans« sagen
dürfe. Als sich ihm seine nächste Sekretärin als »Frau Grauvogel« vorstellt, erwidert Willi: »Das macht ja nichts.« Ansonsten
verbreitet er Lebensweisheiten wie »Platz ist das einzige, was
man nehmen darf, ohne sitzen zu müssen« und »Der eine hat's
im Kopf, der andere im Gegenteil.« Oder er wundert sich, daß
jemand »selbst und dann noch persönlich« kommt.
Das Kinopublikum strömt in *Was ist denn bloß mit Willi los?,* die
Presse findet den Film fad. »Ausverkauf im Kino«, nennt es
harsch die Frankfurter *Neue Presse* am 1. August 1970. Ponkie
meint am 31. Juli 1970 in der Münchner *Abendzeitung:* »Da
Heinz Erhardt ein Qualitätswitzbold von differenziertem Blö-

delstil ist, hat diese Finanzbeamtenposse ein paar Pointen. Aber ihr sozialkritisches Meckmeck bewegt sich eben nur auf dem Stammtischniveau braver Kleinbürger, die Kinderdorfspenden gegen Entwicklungshilfe ausspielen. Fazit: Grüaß di Gott, Herr Biedermann!«

Zu *Das kann doch unsren Willi nicht erschüttern,* der ebenfalls 1970 entsteht, wird die Presse noch härtere Worte finden. Leider auch zu Recht. Denn die Urlaubsklamotte, die Rolf Olsen

›*Was ist denn bloß mit Willi los?*‹: *Erhardt und Wolter*

nach einem eigenen Drehbuch in Szene setzt, strotzt nicht gerade von Niveau. Heinz Erhardt heißt diesmal Willi Hirsekorn und lebt mit seiner zänkischen Frau Sieglinde (Ruth Stephan), den beiden frechen Gören Lotti und Kuno (Irina und Nicolai von Bentheim), seinem depperten Schwager Luitbert (Hans Terofal) und einem Hund in Castrop-Rauxel.

Weil die feindlichen Nachbarn, der militaristische Masseur Buntje (Günther Jerschke), seine Frau Mizzi (Käthe Jaenicke) und Tochter Petra (Angelika Baumgart-Frey) im Urlaub nach Italien fahren, müssen auch die Hirsekorns – und zwar mit dem eigenen Auto, einem alten DKW. In den Kapiteln »Die Abfahrt«, »Die Reise«, »Der Ferienort«, »Das Strandleben«, »Die Ferienromanze« und »Der Abschied« werden lauter »typische« Geschehnisse gezeigt.

Ohrfeige für den Staatssekretär: Heinz Erhardt und Willy Reichert in
›Was ist denn bloß mit Willi los?‹

›Das kann doch unsren Willi nicht erschüttern‹: Ruth Stephan ›hilft‹ Heinz Erhardt

Die Art von Olsens »Humor« zeigt sich schon gleich zu Anfang. In den Fernsehnachrichten heißt es allen »Ernstes« einmal: »Kleinkleckersdorf schlägt Hintertupfingen ...«; das Abendessen nennt Willi »Schlangenfraß«, und man lacht über Mutters neuen Hut, die dafür den TV-Bericht über »den neuen deutschen Lustspielfilm mit Heinz Erhardt«, *Das kann doch unsren Willi nicht erschüttern,* abschaltet. Als Willi von den Nachbarn erfährt, daß sie nach Italien fahren, sagt er: »Da war ich schon mal, 1943, aber da war das Wetter schlecht.« Und: »Da gibt es sicher Sand wie Sand am Meer. Aber sicher kein anständiges Bier, kein Eisbein.«

Mit dem Eisbein behält Willi recht. Dafür kündigen im Urlaubsort Schilder in Deutsch »Gulasch mit Polenta« und »Löwenbräu vom Faß« an. Im Hotel, wo die Hirsekorns die Nachbarn am Nachbartisch wiedertreffen, gibt es natürlich Spaghetti. Willi schneidet sie, als sie seinem Sohn aus dem Mund hängen, mit einer Schere ab. In einem teuren Restaurant trinkt Willi später aus der Fingerschale, nachdem er heftig mit einem Hummer gekämpft hat. Im Hotel wohnen auch zahlreiche Moskitos, was Willi zu der Bemerkung veranlaßt: »Bei uns zu Hause, wo die Luft vergiftet ist, da gehen sie alle ein. Hier gehen sie alle aus.«

Am Strand, wo Willi so stark bruzzelt, daß er Funken schlägt, kommen er und Nachbar Buntje sich näher. Gemeinsam gabeln sie die busige Bikinischönheit Clementine (Almut Berg) auf. Beide wollen ihr Feuer geben, Willis Ding zündet nicht: »Ich bin verstopft«, sagt er. Später führen sie die Dame zum Essen aus. Die Rechnung bringt die beiden Freier ins Schwitzen. Die angebliche Fabriken-Erbin entpuppt sich später als Hochstaplerin.

Nachdem Willi auch noch – mit einem seltsamen roten Helm auf dem Kopf und nur vor einer Rückprojektionswand – auf »Wasserschneeschuhen« gefahren ist und beim Abschiedsfest das Lied »Immer wenn ich traurig bin, trink' ich einen Korn …« gesungen hat sowie sich einige (hier nicht erwähnten) Love-Stories zu aller Zufriedenheit geklärt haben, kann es wieder in die Heimat gehen: »Jetzt fahren wir nach Hause, wo sie warten, die Pflicht und die Steuervorauszahlung …«, wie Willi witzelt.

Einen – und noch einen – Korn kann auch der Kinozuschauer nach dem Besuch dieses Films brauchen, obwohl er sich quasi als Ausgleich ein edleres Getränk leisten sollte, einen sehr trockenen Gin-Martini vielleicht. Der Berliner *Tagesspiegel* macht mit *Das kann doch unsren Willi nicht erschüttern* am 24. Dezember 1970, gar nicht weihnachtlich gestimmt, kurzen Prozeß: »Willi alias Heinz Erhardt macht schon lange keine Witze mehr, sondern höchstens wütend, wenn er solche Klamotten mit Kalauern und schlechtem Klamauk ins Kino bringt. Die hochprozentige Blödheit, die der Regisseur Rolf Olsen da herausbrachte, kann diesen Willi zwar nicht mehr erschüttern, doch der Betrachter verläßt um so erschütterter diese Familienposse, mit der man hofft, Familien vom Fernsehen fortzulocken.« Damit hat der Kollege mit der Vorliebe für Alliterationen allerdings recht: Mit derartiger Filmware ist die deutsche Filmindustrie nicht aus der vom Fernsehen mit herbeigeführten Talsohle herauszuholen.

Nicht angetan ist auch 13 Jahre später bei der Wiederaufführung des Films am 24. Dezember 1983 die *FAZ:* »(…) Erhardt – eine wahre Passionsfigur – nimmt nicht nur in diesem Film alle Unsicherheit vor dem Neuen und die daraus entstehenden Peinlichkeiten, mit denen die zu Wohlstand gekommenen Bundesbürger für ihre Konsumfreuden büßen mußten, auf sich und verwandelt sich in einen Kalauer. Zudem muß hier auch noch die bedrohlich heraufziehende krachlederne Libertinage der Nach-Kolle-Ära bewältigt werden. Erhardt zeigt sich in diesem Film nicht in Hochform, nur wenige Wortspiele zünden, die Gags, mit denen der Regisseur und Autor das Publikum traktiert, hat man schon öfter und meist besser gesehen.«

In *Unser Willi ist der Beste,* 1971 gedreht, spielt Heinz Erhardt wieder Willi Winzig. Er sucht nach einer Aufbesserung der Haushaltskasse, zumal seine Schwester Heidelinde (Ruth Stephan) samt Opa (Henry Vahl), Tochter Biggi (Jutta Speidel), zwei Zwillingsjungen und einem Papagei eingezogen ist. Winzigs Freund Mümmelmann (Rudolf Schündler) schlägt eine Nebenbeschäftigung vor. »Das Ei des Damokles, der rettende Strohhut!«, meint Willi. Er wird Vertreter für Küchengeräte der Marke »Star-Elektrik«.

Mit Fahrrad, Rucksack und Anhänger zieht er los. Eine spinnerte alte Dame kauft ihm gleich dutzendweise Geräte ab. Leider ist sie entmündigt. Bei einer Vorführung in einem Schrebergarten bekleckert Willi alle Umstehenden. Bei einem Briefmarkensammler stellt er statt einer Kaffeemaschine versehentlich einen Ventilator an. »Luftpost«, kann Willi den davonflatternden Marken nur noch nachbemerken. Eine grüne Witwe, die blond ist und ein weißes Negligée trägt, zeigt Willi erst ihre rote Unterwäsche (»Bei ihnen ist etwas verrutscht, die Brust soll man immer warm halten«, wirft Willi ein) und dann ein Muttermal auf ihrer Schulter. Als Willi ihr gerade sein »Vatermal« an gleicher Stelle zeigen will, kommt der Hüne von Ehemann nach Hause.

Einer Mutter mit Kind räumt Willi Ratenzahlung über 12 Jahre mit einem Monatsbeitrag von 96 Pfennig ein. »Jetzt rollt er nicht mehr, der Royce«, witzelt Willi, als eine solche Nobelkarosse eine Panne hat. Hilfreich, wie er ist, setzt er sich ans Steuer, der Chauffeur schiebt – und dann kann Willi die Bremse nicht finden und ruiniert beinahe das teure Gefährt. Nachdem er dann auch noch aus Mitleid mit einem armen kleinen Jungen ein Gerät verschenkt hat, wird Willi gefeuert. Er hat 2600 Mark Schulden bei der »Star-Elektrik«. Zu Hause wartet schon der Gerichtsvollzieher. »Die sind wie kleine Kinder«, meint Willi, »alles, was sie sehen, wollen sie auch gleich haben.«

Willi aber hat eine Idee: den Sekretärinnen im Finanzamt Kaffeemaschinen verkaufen! In der Behörde sind die meisten Beamten jetzt durch Computer ersetzt, aber einer davon spuckt gleich 51 Bestellungen aus; weitere 125 folgen. Jetzt ist Willi der Star-Vertreter der »Star-Elektrik«. Als er versehentlich in die Fernsehsendung der TV-Köchin Ilsetraut Knöpcke (Edith Hancke) gerät, macht er Reklame für die Küchenmaschine und etliche Scherze – bis die Maschine explodiert. Doch sie übersteht den »mazedonischen Hasen« unbeschadet. Da der »Star-Elektrik«-Chef aber schon vorher abgeschaltet hat, feuert er Winzig wieder. Am Ende wird Willi vom Fernsehen engagiert, weil sein unfreiwilliger Auftritt so gut angekommen ist.

»Heinz Erhardt (...) erweist sich auch hier wieder als durchschlagskräftiger Humorist. Und er kann einen Film schon tragen (das Drehbuch ist mehr als dürftig)«, schreibt der *Evangelische Filmbeobachter* über *Unser Willi ist der Beste.* »Ausgesprochen sympathisch berührt den Zuschauer die Grundtendenz des Ganzen – Güte und Hilfsbereitschaft –, und so erscheint die Rolle des reinen Toren dem so viel Jovialität ausstrahlenden ›Super-Komiker‹ (die Werbung) wie auf den (molligen) Leib geschrieben.«

Daß Willi der Beste ist, beweist er auch in Nebensträngen der Handlung, indem er zum Beispiel Mümmelmann gegen zwei meineidige Ganoven unterstützt; außerdem hat er nichts dagegen, daß sich seine Nichte Biggi ausgerechnet in den Sohn des »Star-Elektrik«-Chefs verliebt. Und schließlich spricht Erhardt/ Winzig noch die gültige Weisheit aus: »Der Tee muß ziehen, der Kaffee darf sich setzen.«

Der vierte (und letzte) *Willi*-Film entsteht nach dem Volksstück *Die Eintagsehe* und heißt *Willi wird das Kind schon schaukeln.* Heinz Erhardt heißt diesmal Willi Kuckuck, ist von Beruf Fotograf, hat drei Töchter und gerade Sorgen als Vorstandsvorsit-

›Unser Willi ist der Beste‹: Heinz Erhardt strampelt sich ab

zender des Fußballklubs »1. FC Jungborn«. Es kriselt, weil in 14 Tagen die letzte Rate von 15 000 Mark für den Sportplatz fällig wird. Weil die Mannschaft obendrein vom Abstieg in die B-Liga bedroht ist, kommt es zum Streit. »Trainer?«, schimpft Willi denselben, »du bist eine Träne!« Doch dann gibt er die Losung aus: »Per Aspirin ad Asthma!«

›Willi wird das Kind schon schaukeln‹: Heinz Erhardt, Stefan Behrens, Hannelore Elsner (von rechts)

Weil ihm auch sein Freund, der Friseur Schnecke (Hans H. Hilbich), das Geld nicht geben will, verfällt Willi wieder auf seinen alten »Ehetrick«. Durch Fotomontagen hat er seiner reichen Schwester Elvira (Erika von Thellmann), die in Südamerika lebt, zweimal Verehelichungen seiner Töchter vorgeschwindelt – woraufhin Elvira jedesmal einen Scheck über 15 000 Mark schickte, den Willi zur Finanzierung des Sportplatzes verwandte. Auf diese Weise wurden schon Agnes (Claudia Buthenuth) und Betty (Barbara Schöne) »verheiratet«. Jetzt kommt Constanze (Hannelore Elsner) an die Reihe.

Tante Elvira aber kündigt brieflich an, sie werde diesmal persönlich zur Hochzeit erscheinen. Was Willi vor das Problem stellt, ganz schnell drei »Ehepaare« zusammenzubringen. Constanze holt ihren Freund, den Rockmusiker Micky, Betty besorgt den Dirigenten Wolfgang Amadeus Wirsing, und Willi erpreßt Schnecke dazu, den Ehemann von Agnes zu spielen. Mit einem munteren »Auf in den Kampf, Trokadero« fährt Willi zum Bahnhof, um Elvira abzuholen. Von da an geht so ungefähr alles schief.

Am Ende hat der Bauer auch noch den Sportplatz verkauft – an Tante Elvira, wie sich herausstellt, und die wiederum hat ihn den drei Willi-Töchtern überschrieben. Nicht nur das; die gute Tante hat auch noch einen Super-Fußballer für den »1. FC Jungborn« eingekauft: Und als dann der leibhaftige Uwe Seeler das Vereinslokal betritt, da fragt Willi seinen Freund Schnecke: »Wer is'n das überhaupt???«

»›Willi‹ ist der typische ›kleine Mann von heute‹. Das Schicksal

Eine Art Abschiedsfoto: Heinz Erhardt mit den Damen Erika von Thellmann (vorne), Hannelore Elsner (links), Barbara Schöne und Claudia Buthenuth (rechts) bei den Dreharbeiten zu ›Willi wird das Kind schon schaukeln‹

ist gegen ihn. Aber wie er erfolgreich darauf reagiert, das macht ihn ebenso liebenswert. So ist der Erfolg der *Willi*-Filme zu erklären«, meint der *Constantin*-Verleih im damaligen Presseheft. *Willi wird das Kind schon schaukeln,* Ende 1971 gedreht, kommt im Februar 1972 in die Kinos. Zu diesem Zeitpunkt hat Heinz Erhardt gerade einen achtwöchigen Überlebenskampf hinter sich, den er zum Erstaunen der Ärzte überstanden hat. Eine Woche nach dem Ende der Dreharbeiten erleidet Erhardt 1971 einen schweren Schlaganfall, von dem er sich nie wieder richtig erholt. Nur ein einziges Mal noch, in der Rahmenhandlung zu seiner Oper, die das ZDF 1979 zu seinem 70. Geburtstag ausstrahlt, ist er kurz im Fernsehen zu sehen.

Aufmerksame Zuhörer können feststellen, daß einige Heinz-Erhardt-Dialoge in *Willi wird das Kind schon schaukeln* von einem anderen Sprecher nachsynchronisiert worden sind. Die Szenen des Films, die man nicht mit Originalton aufgenommen hat, kann Heinz Erhardt später nicht mehr sprechen. Deutschlands beliebtester Wortakrobat ist für immer verstummt.

14 Jahre, nachdem Heinz Erhardt zum letzten Mal vor einer Filmkamera gestanden hat, steht ein anderer deutscher Wortakrobat zum ersten Mal vor einer Filmkamera. Der Komiker heißt Otto (Waalkes), der Film heißt *Otto – Der Film.* Mitten im Sommer 1985 kommt das Erstlingswerk, von Otto selbst (zusammen mit Kameramann Xaver Schwarzenberger) in Szene gesetzt, in einem Massenstart mit 250 Kopien in die bundesdeutschen Kinos – und wird zu einem Bombenerfolg: Nach acht Wochen haben rund acht Millionen Deutsche den Film besucht.

Rechtzeitig zum Start widmet der *Spiegel* dem »Lachmann der Nation«, wie Otto dort genannt wird, die Titelstory der Ausgabe vom 15. Juli 1985. In der Sieben-ein-Drittel-Seiten-Story fällt der Name Heinz Erhardt, dem Otto doch so viel an Inspiration zu verdanken hat, kein einziges Mal. Aber unfreiwillig liefert Otto dort das Schlußwort zu Heinz Erhardt und seinen Filmen. Als sich ein Bundeskanzler einmal, wie er durch seinen Regierungssprecher mitteilen läßt, über einen Papst-Witz Ottos »sehr geärgert« hat (und das war nicht die Birne, sondern Helmut Schmidt!), antwortet der sture Ostfriese darauf: »Ich bin ein Produkt dieser Gesellschaft, und für den Humor, der meinem Geiste entspringt, mache ich dieses System und seine Führung verantwortlich.«

Dies hätte Heinz Erhardt genauso über sich sagen können.

IV. Filmographie

GESUCHT WIRD MAJORA
Produktion: Euphono; Deutschland 1949
Regie: Hermann Pfeiffer
Buch: Theo Rausch
Musik: Werner Bochmann
Darsteller und ihre Rollen: Lotte Koch (Frau Dr. Otto), Hermann Speelmanns (Will Bloom), Camilla Horn (Grit Faller), Millowitsch Plank (Hans Prack), Paul Henckels (Portier Willems), Werner Hessenland (Manzeiras), Harald Paulsen (Harry), Rudolf Therkatz (Dr. Neuhoff), Hans Zesch-Ballot (Prof. Mengler), Timm Nolte (Klaus), HEINZ ERHARDT, Hans Müller-Westernhagen, Marja Tamara
Länge: 95 Minuten
Erstaufführung: 1950

LIEBE AUF EIS / MÄNNER UM ANGELIKA
Produktion: HMK-Film; Deutschland 1950
Regie: Kurt Meisel
Buch: Johannes Kai, T.A. Schelkopf, Helmuth M. Backhaus
Kamera: Heinz Schnackertz, Bertl Höcht
Schnitt: Anneliese Schönnenbeck
Musik: Friedrich Meyer
Darsteller und ihre Rollen: Margot Hielscher (Angelika Langhoff), Kurt Meisel (Toni Staudtner), Kurt Waitzmann (Kurt Frischauf), Friedrich Schönfelder (Birger Sörensen), Hubert von Meyerinck (Hoteldirektor), Charlotte Witthauer (Charlotte Pappke), Hannelore Bollmann (Jeanette Bergmann), Rudolf Schündler (Dr. Bergmann), Dr. Gunther Philipp (Max), HEINZ ERHARDT (Fabrikant Meyer), Peter Wolf (Peter), Sepp Nigg (Heini), Otto Friebel (Otto)
Länge: 90 Minuten
Erstaufführung: 4. August 1950

DREI TAGE MITTELARREST
Produktion: Standard-Film; Deutschland 1955
Regie: Georg Jacoby
Buch: Bobby E. Lüthge, Klaus Günther Neumann, Georg Jacoby, nach einem Schwank von Bobby E. Lüthge und Karl Noti
Kamera: Erich Claunigk

Schnitt: Martha Dübber, Ursula Reinfurth
Musik: Michael Jary
Darsteller: Ernst Waldow, Grethe Weiser, Eva Probst, Ruth Stephan, Elfie Pertramer, Ilse Petri, Maria Litto, Willy Fritsch, Erwin Stahl, Willi Rose, Walter Müller, Franz Muxeneder, Klaus Günther Neumann, Charles Palent, Günther Jerschke, Joachim Teege, HEINZ ERHARDT, Manfred Steffen
Länge: 95 Minuten
Erstaufführung: 9.September 1955

ICH UND MEINE SCHWIEGERSÖHNE
Produktion: Real-Film (Gyula Trebitsch); Deutschland 1956
Regie: Georg Jacoby
Buch: Gustav Kampendonk, nach einer Idee von Hans Sturm
Kamera: Erich Claunigk
Schnitt: Walter Wischnewski
Musik: Michael Jary
Darsteller und ihre Rollen: Grethe Weiser (Agathe Zausel), Walter Giller (Fred Windberg), Rudolf Platte (Dr. Otto Zietz), Bibi Johns (Tilde Tarloni), Oscar Sima (José Pampanillo), Christiane Jansen (Gisela), Gisela Tantau (Karin), Ingrid Lutz (Olly), Paul Henckels (Herr Gramberg), Ursula Herking (Dr. Dora Stingel), HEINZ ERHARDT (Dr. Mindermann), Werner Fink (Dr. Koch), Kai Fischer (Fräulein Lisa), Wolfgang Wahl (Karl Löschenkohl), Ruth Hagen (Sekretärin), Ludwig Linkmann (Hauswart Zielke) und Bully Buhlan. Es tanzen: Maria Litto und Heinz Schmiedel. Es singen: Bibi Johns, Bully Buhlan, Nana Gualdi und die drei Peheiros
Länge: 90 Minuten
Erstaufführung: 4. Mai 1956

DIE GESTOHLENE HOSE
Produktion: Deutsche London Film; Deutschland 1956
Regie: Geza von Cziffra
Buch: Peter Trenck
Kamera: Willy Winterstein
Schnitt: Helga Kaminski
Musik: Michael Jary
Darsteller und ihre Rollen: Susanne Cramer (Edith Martens), Ruth Stephan (Grete Giesemann), Siegfried Breuer jr. (Hans Wellner), Peter Weck (Toni von Rabenstein), Margarethe Haagen (Tante Amalie), Oskar Sima (Sebastian Wellner), Paul Westermeier (Wilhelm Meyer),

›Die gestohlene Hose‹

HEINZ ERHARDT (Ferdinand Kofler, Diener), Hubert von Meyerinck
(Signore Ricoli), Lotte Lang, Beppo Brem
Länge: 87 Minuten
Erstaufführung: 17. Mai 1956

MÄDCHEN MIT SCHWACHEM GEDÄCHTNIS
Produktion: Arion; Deutschland 1956
Regie: Geza von Cziffra
Buch: Peter Trenck, Oliver Hassencamp
Kamera: Willy Winterstein
Schnitt: Martha Dübber
Musik: Michael Jary
Darsteller und ihre Rollen: Germaine Damar (Anny Prechtl), Peter
Weck (Poldi Kohlegger), Rudolf Platte (Paul Howard), Loni Heuser
(Babett, seine Frau), HEINZ ERHARDT (Albert, Pressefotograf), Bully

213

Buhlan (Mr. Turner), Willy Maertens (Herr Prechtl), Else Knott (Frau Prechtl), Oskar Sima (Huber, Hotelportier), Bum Krüger (Hoteldirektor), Hermann Nehlsen (Kommissar Hübner), Wolfgang Neuss (Polizeiarzt), Christiane König (Mary Howard), Michl Lang (Wirt von der »Sonne«), Joseph Offenbach (Ein diebischer Herr)
Länge: 90 Minuten
Erstaufführung: 12. Juli 1956

II-A IN BERLIN (DREI BAYERN AN DER SPREE)
Produktion: Ariston; Deutschland 1956
Regie: Hans Albin
Buch: Hans Fitz, Hans Albin, nach einer Idee von Jochen Genzow
Kamera: Ernst W. Kalinke
Schnitt: Anneliese Schönnenbeck
Musik: Peter Igelhoff
Darsteller und ihre Rollen: (Die Preußen:) Paul Westermeier (Bullerjahn), Ursula Barlen (Lotte), Christiane Jansen (Renate), HEINZ ERHARDT (»Resi«-Direktor), Willi Rose (Diener Fritz), Ilse Trautschold (Zofe Anna), Adriane Stopp (Stewardeß); (Die Bayern:) Beppo Brem (Michel), Hans Fitz (Bürgermeister), Peter Garden (Martl), Lucie Englisch (Emerenzia), Maria Stadler (Kuni), Steffi Stroux (Vroni), Georg Bauer (Gschwendner), Liesl Karlstadt (Gschwendnerin)
Länge: 94 Minuten
Erstaufführung: 31. August 1956

DER MÜDE THEODOR
Produktion: Deutsche Film Hansa; Deutschland 1957
Regie: Geza von Cziffra
Buch: Fritz Gribitz, Peter Trenck
Kamera: Willy Winterstein
Musik: Heino Gaze
Darsteller: HEINZ ERHARDT, Renate Ewert, Peter Weck, Loni Heuser, Karin Baal, Albert Rueprecht, Ralf Wolter, Werner Finck, Kurt Großkurth, Wolfgang Neuss, Hubert von Meyerinck
Länge: 95 Minuten
Erstaufführung: 7. Juni 1957

WITWER MIT FÜNF TÖCHTERN
Produktion: Deutsche Film Hansa; Deutschland 1957
Regie: Erich Engels

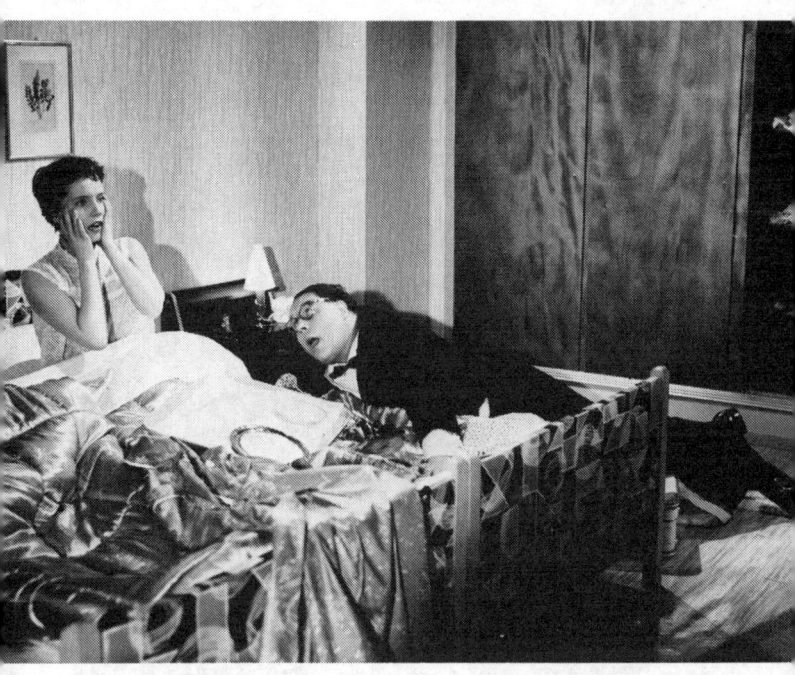

›Der müde Theodor‹

Buch: Rolf und Alexandra Becker, Erich Engels, nach einer Idee von Elisabeth Klaer-Gordon
Kamera: Willy Winterstein
Schnitt: Martha Dübber
Musik: Heino Gaze, HEINZ ERHARDT, Frank Cornély-Wilczek
Darsteller und ihre Rollen: HEINZ ERHARDT (Friedrich Scherzer), Susanne Cramer (Karin Scherzer), Vera Tschechowa (Anne Scherzer), Angelika Meissner (Marie Scherzer), Christine Kaufmann (Ulla Scherzer), Elke Aberle (Julchen Scherzer), Lotte Rausch (Frau Hansen), Helmuth Lohner (Dr. Klaus Hellmann), Peter Vogel (Fred), Alexander Ebermayer-von Richthofen (Jäcky), Ivan Petrovich (Mr. Pepperkorn), Michl Lang (Altfeld), Lotte Brackebusch (Meta Sengstake), Maly Delschaft (Berta Sengstake), Nora Minor (Fräulein Forsch), Carsta Löck (Fräulein Nessel), Hein Schorlemer (Amtmann Stölz), Marina Ried (Frau Kostowitsch), Chris Howland (Mr. Printice), E. Müller-Elmau

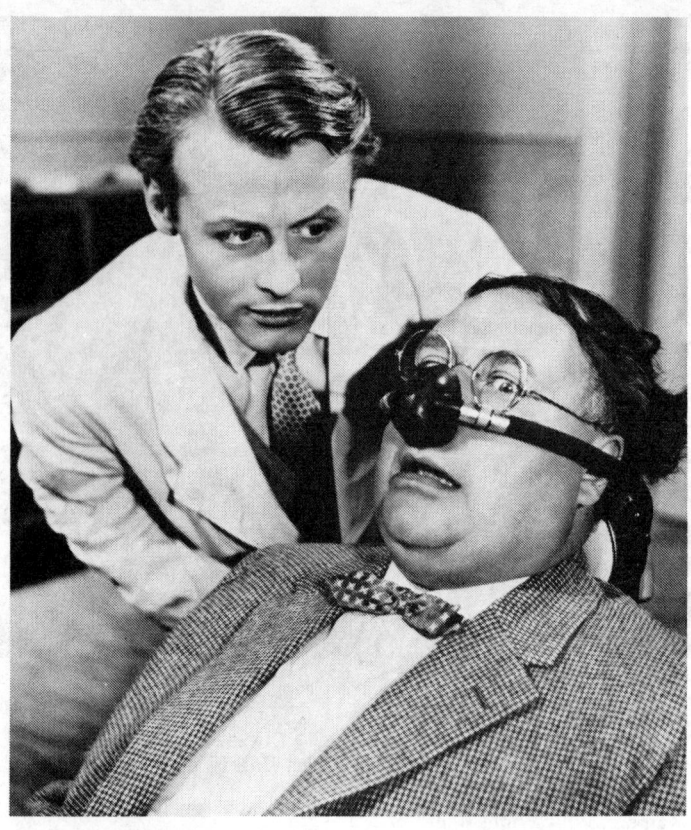

›Witwer mit fünf Töchtern‹

(Portier), Frank Forster (Sänger)
Länge: 96 Minuten
Erstaufführung: 6. September 1957

IMMER DIE RADFAHRER
Produktion: Wiener Mundus-Film, Kurt Ulrich Berlin; Österreich/
Deutschland 1958
Regie: Hans Deppe
Buch: Wolf Neumeister, nach einer Idee von Hans Joachim Kulen-
kampff

216

Kamera: Elio Carniel
Musik: Hans Lang
Darsteller und ihre Rollen: HEINZ ERHARDT (Fritz Eilers), Hans Joachim Kulenkampff (Ulrich Salandt), Mady Rahl (Malchen Eilers), Peter Kraus (Robby Eilers), Wolf Albach-Retty (Johannes Büttner), Waltraut Haas (Tilla, seine Frau), Werner Kadlec (Wolfgang, ihr Sohn), Renate Praschl (Sylvia, ihre Tochter), Katharina Mayberg (Beryl), Inge Meysel (Koschy), Corny Collins (Katinka)
Länge: 94 Minuten, Farbe
Erstaufführung: 12. September 1958

SO EIN MILLIONÄR HAT'S SCHWER
Produktion: Öfa; Österreich 1958
Regie: Geza von Cziffra
Buch: Peter Trenck, nach einer Novelle von Ferdinand Altenkirch
Kamera: Walter Tuch
Musik: Heinz Gietz
Darsteller: Peter Alexander, Germaine Damar, HEINZ ERHARDT, Wolfgang Wahl, Elga Andersen, Brigitte Mira
Länge: 94 Minuten
Erstaufführung: 18. Dezember 1958

VATER, MUTTER UND NEUN KINDER
Produktion: Deutsche Film Hansa; Deutschland 1958
Regie: Erich Engels
Buch: Erich Engels, Rolf Neumeister
Kamera: Albert Benitz
Musik: Heino Gaze
Darsteller: HEINZ ERHARDT, Camilla Spira, Corny Collins, Maria Sebaldt, Erik Schumann, Franz Schafheitlin, Willy Millowitsch, Pero Alexander, Elke Aberle, Nora Minor, Renate Küster, Gabriele Steffan, Monika Ahrens, Margitta Scherr, Ernst Reinhold, Thomas Braut, Harald Martens, Alexander Ebermayer-von Richthofen, Rainer Brönneke, Robert Meyn
Länge: 95 Minuten
Erstaufführung: 19. Dezember 1958

DER HAUS-TYRANN
Produktion: Divina Film; Deutschland 1958
Regie: Hans Deppe

›Der Haus-Tyrann‹

Buch: W.P. Zibaso, nach dem Bühnenstück »Das Ekel« von Toni Impekoven und Hans Reimann
Kamera: Oskar Schnirch
Musik: Raimund Rosenberger
Darsteller: HEINZ ERHARDT, Grethe Weiser, Peter Vogel, Helga Martin, Rudolf Platte, Arnulf Schröder, Stefan Schwartz, Ernst Waldow, Eduard Linkers, Beppo Brem, Franz Leibelt, Else Quecke, Dietrich Thomas und Willy Hagara
Länge: 89 Minuten
Erstaufführung: 29. Januar 1959

NATÜRLICH DIE AUTOFAHRER
Produktion: Deutsche Film Hansa; Deutschland 1959
Regie: Erich Engels
Buch: Gustav Kampendonk

›Natürlich die Autofahrer‹

Kamera: Albert Benitz
Musik: Peter Igelhoff
Darsteller: HEINZ ERHARDT, Maria Perschy, Erik Schumann, Ruth Ste-
phan, Trude Herr, Margitta Scherr, Edith Hancke, Anne Madin, Willy
Maertens, Ralf Wolter, Bob Iller, Hans Paetsch, Jöns Andersson, Klaus
Behrendt und Peter Frankenfeld. Es singen: Friedel Haensch und die
Cyprys und Geschwister Duval.
Länge: 82 Minuten
Erstaufführung: 20. August 1959

DRILLINGE AN BORD
Produktion: Deutsche Film Hansa; Deutschland 1959
Regie: Hans Müller
Buch: Gustav Kampendonk, nach einer Idee von Dr. Lothar Koch
Kamera: Erich Claunigk

›Drillinge an Bord‹

Schnitt: Martha Dübber
Musik: Heino Gaze
Darsteller und ihre Rollen: HEINZ ERHARDT (Heinz, Otto und Eduard
Bollmann), Peter Carsten (Fred Larsen), Ann Smyrner (Rita), Trude
Herr (Lady Zocker), Paul Dahlke (Emilio), Günter Pfitzmann (Mac),
Billy Mo (Bobo), Ingrid van Bergen (Diana), Paul Westermeier (Kapi-
tän), Ralf Wolter (Friseur), Günther Jerschke (Fernsehreporter), Horst
Coblenzer, Max Giese, Klaus Hellmold, Günther Ungeheuer, Kathrin
Ackermann. Es singt: Paul Kuhn.
Länge: 82 Minuten
Erstaufführung: 22. Dezember 1959

DER LETZTE FUSSGÄNGER
Produktion: Deutsche Film Hansa; Deutschland 1960
Regie: William Thiele

Buch: William Thiele, nach einem Szenenaufriß von Eckart Hachfeld
Kamera: Kurt Grigoleit
Schnitt: Martha Dübber
Musik: Franz Grothe
Darsteller und ihre Rollen: HEINZ ERHARDT (Gottlieb Sänger), Christine Kaufmann (Kiki), Käthe Haack (Frau von Hartwig), Ernst Waldow (Dr. Zollhöfer), Hans Hessling (Chefredakteur Kleinert), Werner Finck (Redakteur Hiss), Günther Ungeheuer (Pit, Reporter), Peter Wegen (Max), Michael Lenz (Rudi), Lucie Englisch (Frau Huppert), Trude Herr (Rheinländerin), Harry Tagore (Indischer Prinz), Willy Reichert (Schützenwirt), Blandine Ebinger, Margarete Andersen, Phöbe Monnard, Marianne Prenzel, Katharina Schmitt, Dieter Cartini, Klaus Hellmold, Willy Heyer, Jörg Liebenfels, Eduard Linkers, Fritz Schollmeier und die Travellers
Länge: 88 Minuten, Farbe
Erstaufführung: 15. September 1960

KAUF' DIR EINEN BUNTEN LUFTBALLON

Produktion: Mundus-Film Wien, Kurt Ulrich Berlin; Österreich/Deutschland 1960
Regie: Geza von Cziffra
Buch: Geza von Cziffra
Kamera: Willy Winterstein
Musik: Michael Jary
Darsteller und ihre Rollen: Ina Bauer (Inge König), Toni Sailer (Hans Haller), HEINZ ERHARDT (Theaterdirektor Knapp), Walter Gross (Josef, sein Assistent), Gunther Philipp (Rennstallbesitzer Miffke), Ruth Stephan (Mia Panther), Oskar Sima (Onkel König, Eisbahnbesitzer), Ralf Wolter (Luggi, sein Gehilfe), Ernst Stankovski (Peter Bertram, Regisseur), Paul Hörbiger (Professor Engelbert)
Länge: 101 Minuten, Farbe
Erstaufführung: 19. Januar 1961

MEIN MANN, DAS WIRTSCHAFTSWUNDER

Produktion: Deutsche Film Hansa; Deutschland 1960
Regie: Ulrich Erfurth
Buch: Dieter Hildebrandt
Kamera: Albert Benitz
Schnitt: Heinz Haber
Musik: Michael Jary
Darsteller und ihre Rollen: Marika Rökk (Ilona Farkas), Fritz Tillmann

(Alexander Engelmann), Conny Froboess (Julia, seine Tochter), HEINZ ERHARDT (Paul Korn, sein Freund und Fahrer), Adelheid Seeck (Helene Grolmann, Ilonas Managerin), Helmuth Lohner (Tommy Schiller, ein Journalist), Friedrich Schoenfelder (Dr. Bach, Syndikus), Wolfgang Völz (Sekretär), Marieluise Nagel (Sekretärin), Hubert von Meyerinck (Architekt Taubeneck), Georg Bastian (Freddy, ein Mitschüler Julias), Heinrich Giess (Arzt)

Länge: 95 Minuten
Erstaufführung: 26. Januar 1961

ACH EGON!

Produktion: Kurt Ulrich Berlin; Deutschland 1961
Regie: Wolfgang Schleif
Buch: Gustav Kampendonk, nach dem Schwank »Hurra, ein Junge«
Kamera: Erich Claunigk
Musik: Heino Gaze
Darsteller und ihre Rollen: HEINZ ERHARDT (Egon Kummer), Corny Collins (Henny Weber), Adrian Hoven (Dr. Kurt Wehling), Grethe Weiser (Mathilde Nathusius), Gunther Philipp (Dr. Waldemar Weber), Carmela Künzel (Helga Lüders), Ruth Stephan (Anna), Hans Richter (Tischlergeselle Behnke) und Rudolf Vogel (Generaldirektor Nathusius). Es spielt das Orchester Günther Fuhlisch. Es singen Friedel Hensch und Peter Steffen. Ferner wirken mit: Mr. Charley mit (Affen-)Familie, das Berufsweltmeister-Paar im Gesellschaftstanz: Bill und Bobbie Irvine.

Länge: 90 Minuten
Erstaufführung: 7. April 1961

DREI MANN IN EINEM BOOT

Produktion: Mundus-Film Wien, Kurt Ulrich Berlin; Österreich/Deutschland 1961
Regie: Helmut Weiss
Buch: Wolf Neumeister, frei nach dem gleichnamigen Roman von Jerome K. Jerome
Kamera: Sepp Ketterer
Musik: Werner Müller
Darsteller und ihre Rollen: HEINZ ERHARDT (Georg Nolte), Hans Joachim Kulenkampff (Harry Berg), Walter Giller (Jo Sommer), Loni Heuser (Lotte Nolte), Ina Dusche (Grit Nolte), Ida Boros (Julischka), Susanne Cramer (Betje), Willy Reichert (Mägele)

Länge: 93 Minuten, Farbe
Erstaufführung: 25. August 1961

›Ach Egon!‹

FREDDY UND DER MILLIONÄR
Produktion: Divina; Deutschland 1961
Regie: Paul May
Buch: Analdo Genoino
Kamera: Kurt Grigoleit
Schnitt: Werner Preuss
Musik: Lothar Olias
Darsteller und ihre Rollen: HEINZ ERHARDT (Millionär), Freddy Quinn (Fritz Meyer), Grit Böttcher (Edith), Vittoria Prada (Silvia), Joseph Offenbach (Diener Robert), Grethe Weiser (Mrs. Keller), Peter Vogel (Student), Claus Wilcke (Rex), Hubert von Meyerinck (Direktor Walloschek), Cathrin Heyer (June), Henry van Lyck (Sekretär Jellicot)
Länge: 92 Minuten, Farbe
Erstaufführung: 19. Dezember 1961

DIE POST GEHT AB

Produktion: Piran-Film-Televisions GmbH; Deutschland 1962
Regie: Helmuth M. Backhaus
Buch: Helmuth M. Backhaus, nach einer Idee von Hans Billian
Kamera: Gerhard Krüger
Schnitt: Annelie Artelt
Musik: Christian Bruhn
Darsteller und ihre Rollen: Vivi Bach (Barbi Lothar, Tochter eines berühmten Schlagersängers), Adrian Hoven (Willy, Trompeter einer Jazzband), Claus Biedersiaedt (Harry Eberhardt), Corny Collins (Gina, Millionenerbin aus Italien), Elma Karlowa (Wilma, Sekretärin eines reiselustigen Weinimporteurs), HEINZ ERHARDT (Walter Eberhardt, Kaufmann), Wolf Albach-Retty (Lukas Lenz, Schriftsteller), Kurt Großkurth (Teutobald Stolze, Tourist), Gerhard Wendland (Rudolf Lothar, Schlagersänger), Ilse Steppat (Elfriede Stolze), Margitta Scherr (Anja Stolze, ihre Tochter), Gunnar Möller (Franz, Posaunist der Jazzband), Peter Fritsch (Till Hartmann), Beppo Brem (Sepp, der Landgendarm), Dagmar Hank (Petra Lenz), Ralf Wolter (Bodo Ratsam, Weinimporteur) und Chris Howland (John, ein Engländer auf Urlaubsreise)
Länge: 92 Minuten, Farbe
Erstaufführung: 21. September 1962

AXEL MUNTHE, DER ARZT VON SAN MICHELE

Produktion: Cine Italia Film, Criterion Film, CCC-Filmkunst; Italien/Frankreich/Deutschland 1962
Regie: Rudolf Jugert, Giorgio Capitani
Buch: Hans Jacoby, Harald Petersson-Giertz
Kamera: Richard Angst
Schnitt: Jutta Hering, Musik: Hans-Martin Majewski
Darsteller und ihre Rollen: O.W. Fischer (Axel Munthe), Rosanna Schiaffino (Antonia), Maria Mahor (Ebba), Valentina Cortese (Eleonora Duse), Emma Penella (Clementine), Antoine Balpetre (Leblanc), Fernand Sardou (Petit-Pierre), HEINZ ERHARDT (Brunoni), Renate Ewert (Patientin), Doris Palumbo (Giovannina), Christiane Maybach (Paulette), Max Wittmann (Pasteur), Franziska Liebing (Philomene), Willy Krüger (Vater Munthe), Jürgen von Alten (Dr. Lindt), Hendrik Sick (Junge Pierre), Thea Thiele (Mutter von Pierre), Anneliese Würtz (Gütige Schwester), Lou Seitz (Ältere Schwester), Ellen Heller (Wirtschafterin der Duse)
Länge: 134 Minuten, Farbe
Erstaufführung: 4. Oktober 1962

OHNE KRIMI GEHT DIE MIMI NIE INS BETT

Produktion: Neue Delta; Österreich 1962
Regie: Franz Antel
Buch: Johannes Kay, Hugo Wiener
Kamera: Hanns Matula
Musik: Johannes Fehring
Darsteller: HEINZ ERHARDT, Karin Dor, Harald Juhnke, Peter Vogel,
Ann Smyrner, Trude Herr, Gus Backus, Raoul Retzer, Alexander Grill,
Hannelore Auer, Elisabeth Stiepl, Edith Hancke und Bill Ramsey
Länge: 79 Minuten, Farbe
Erstaufführung: 19. Oktober 1962

APARTMENT-ZAUBER

Produktion: Piran Film; Deutschland 1963
Regie: Helmuth M. Backhaus

›Ohne Krimi geht die Mimi nie ins Bett‹

Buch: Gregor Trass (= Helmuth M. Backhaus)
Kamera: Gerhard Krüger
Musik: Christian Bruhn
Darsteller: Rex Gildo, Helga Sommerfeld, Gunnar Möller, Gitta Winter, Gerti Gordon, HEINZ ERHARDT
Länge: 97 Minuten, Farbe
Erstaufführung: 10. Januar 1964

WENN MAN BADEN GEHT AUF TENERIFFA
Produktion: Piran Film; Deutschland 1964
Regie: Helmuth M. Backhaus
Buch: Gregor Trass (= Helmuth M. Backhaus)

›Wenn man baden geht auf Teneriffa‹

Kamera: Gerhard Krüger
Schnitt: Anneliese Artelt
Musik: Christian Bruhn
Darsteller und ihre Rollen: Geneviève Cluny (Jutta), Peter Kraus (Tom), Corny Collins (Christa), Gunnar Möller (Jens), Richard Häussler (Erik Varnhagen), Ursula Oberst (Bessy), Helga Lehner (Bruni), Karin Heske (Ilse), Hannes Stütz (Martin), Ralph Persson (Fritz), Hand Elwenspoek (Perro), Rolf Castell (Reisebüro-Angestellter), Loni Heuser (Christas Mutter), Horst Pasderski (Benson), Katrin Teleky (Ellen) und HEINZ ERHARDT (Tristan Wentzel)
Länge: 94 Minuten, Farbe
Erstaufführung: 11. September 1964

DIE GROSSE KÜR

Produktion: Team-Film, Stadthalle Wien; Österreich/Deutschland 1964
Regie: Franz Antel
Buch: Kurt Nachmann
Kamera: Siegfried Hold
Schnitt: Arndt Heyne
Musik: Erwin Halletz
Darsteller und ihre Rollen: Marika Kilius (Marika), Hans-Jürgen Bäumler (Jürgen), Peter Kraus (Johnny, Mrs. Kings Sohn), Paul Hörbiger (Franz Haslinger), Mady Rahl (Marikas Trainerin), Peter Fröhlich (Peter, Fotoreporter), Marlene Warrlich (Helga, Journalistin), Marte Harell (Mrs. King, Chefin der amerikanischen Eisrevue), Wolf Albach-Retty (Vetter, Chef der Wiener Eisrevue), Marlene Rahn (Kiki), Dorothee Parker (Jane) und HEINZ ERHARDT (Eberhardt Traugott, Manager), Gunther Philipp (Tommy Toifel, Manager). Sowie das Ensemble der Wiener Eisrevue unter der künstlerischen Leitung von Will und Edith Petter, Willy Dirtl und Mitglieder des Balletts der Wiener Staatsoper, der weltberühmte Flamenco-Tänzer Pedro di Cordoba und die internationale Artistengruppe »Die Brutos«.
Länge: 93 Minuten, Farbe
Erstaufführung: 7. Oktober 1964

DER ÖLPRINZ

Produktion: Rialto-Film, Jadran Film; Jugoslawien/Deutschland 1965
Regie: Harald Philipp
Buch: Fred Denger, Harald Philipp, nach dem gleichnamigen Roman von Karl May
Kamera: Heinz Hölscher

227

Musik: Martin Böttcher
Darsteller: Stewart Granger, Pierre Brice, Macha Meril, Harald Leip-
nitz, Mario Girotti, Antje Weisgerber, HEINZ ERHARDT
Länge: 91 Minuten, Farbe
Erstaufführung: 25. August 1965

DAS VERMÄCHTNIS DES INKA
Produktion: Franz Marischka Film, Produzione Europea Associate, Or-
bita Films; Italien/Spanien/Deutschland 1965
Regie: Georg Marischka
Buch: Georg Marischka, Winfried Groth, Franz Marischka, nach dem
gleichnamigen Roman von Karl May
Kamera: Siegfried Hold
Schnitt: Anneliese Artelt
Musik: Riz Ortolani
Darsteller und ihre Rollen: Guy Madison (Jaguar), Rik Battaglia (Peril-
lo), William Rothlein (Haukaropura), Geuia Nuni (Graziella), Fernan-
do Rey (Präsident Castillo), Carlo Tamberlani (Anciano), Santiago Ri-
veirro (Minister Ruiz), Ingeborg Schöner (Mme. Ruiz) und Francesco
Rabal (Gambusino). Mit dem Komiker-Trio: Walter Giller, Chris How-
land, HEINZ ERHARDT
Länge: 100 Minuten, Farbe
Erstaufführung: 9. April 1966

OTTO IST AUF FRAUEN SCHARF
Produktion: Neue Delta-Film, Terra-Filmkunst; Österreich/Deutsch-
land 1968
Regie: Franz Antel
Buch: Kurt Nachmann
Kamera: Hanns Matula
Musik: Johannes Fehring
Darsteller: Gunther Philipp, Terry Torday, Hannelore Auer, Hubert
von Meyerinck, Beppo Brem, Marthe Harell, Edith Hancke, Franz Mu-
xeneder, Uschi Mood, Mady Rahl, Dany Siegel, Werner Abrolat, Janos
Csanyi, Rex Gildo singt »Wie eine Symphonie« und Ralf Wolter und
HEINZ ERHARDT und Willy Millowitsch und Dietmar Schönherr
Länge: 91 Minuten, Farbe
Erstaufführung: 28. Juni 1968

CHARLEY'S ONKEL
Produktion: Terra-Filmkunst, Allianz; Deutschland 1969

Regie: Werner Jacobs
Buch: Kurt Nachmann
Kamera: Werner Kurz
Schnitt: Renate Willeg, Ursula Hummel
Musik: Raimund Rosenberger
Darsteller und ihre Rollen: Gila von Weitershausen (Charley), Karl-Michael Vogler (Boy), Heidy Bohlen (Lilo), Gustav Knuth (Tresseblekken), Erna Sellmer (Tante Cornelia), Gunther Philipp (Dr. Krusius), Edith Hancke (Helga), Hubert von Meyerinck (Most), Willy Millowitsch (Rütterbusch), Andrea Rau (Dottie), HEINZ ERHARDT (Nervöser Herr), Achim Strietzel (Sonnenfeld), Loni Heuser (Frau Müggel), Rolf Olsen (Egon Lommel), Ralf Wolter (Polizist), Hans Terofal (Weinsiedel), Heinz Spitzner (Bornemann), Herbert Weissbach (Pinkus), Gerhard Frickhöffer (Langbein), Rudolf Schündler (Dr. Bruhn), Hans Waldherr (Riesiger Herr), Evelyn Gressmann (»Dame«), Rudolf Beiswanger (Käpt'n Zapp), Uwe Reichmeister (Pinkus jr.), Karel Gott (Thaddäus) und »Die 4 Insterburgs«
Länge: 93 Minuten, Farbe
Erstaufführung: 18. April 1969

WARUM HAB' ICH BLOSS ZWEIMAL JA GESAGT / DER LIEBESTOLLE SCHLAFWAGENSCHAFFNER

Produktion: Fida Rom, Terra-Filmkunst; Italien/Deutschland 1969
Regie: Franz Antel
Buch: Kurt Nachmann, Günther Ebert, Vichi Vittoriano, Mario Guerra
Kamera: Hanns Matula
Schnitt: Gertrud Petermann, Luciano Ancometani
Musik: Gianni Ferio
Darsteller und ihre Rollen: Lando Buzzanca (Vittorio), Terry Torday (Ingrid), Raffaela Carra (Theresa), Peter Weck (Klaus), Ann Smyrner (Püppi), Jacques Herlin (Dr. Pellegrini), Willy Millowitsch (Verkehrsminister), HEINZ ERHARDT (Weichbrodt), Fritz Muliar (Zollbeamter), Andrea Rau (Marisa), Rainer Basedow (Alex), Judith Dornys (Luisa), Barbara Zimmermann (Tina) sowie Hans von Borsody, Graziella Granata, Franco Giacobini, Edith Hancke, Gerd Wiedenhofen, Rosemarie Lindt, Ugo Carboni, Anita Durante, Aldo Rendine, Grazia Di Marza
Länge: 89 Minuten, Farbe
Erstaufführung: 5. September 1969

KLEIN ERNA AUF DEM JUNGFERNSTIEG

Produktion: Studio; Deutschland 1969

›Klein Erna auf dem Jungfernstieg‹

Regie: Hans Heinrich
Buch: Janne Furch, Dieta Borchers
Kamera: Bob Klebig
Musik: Gerhard Winkler
Darsteller: Heidi Kabel, Almut Eggert, Petra v.d. Linde, Loni Heuser, Erna Sellmer, Ruth Stephan und Gitta Zeidler als Klein Erna, Harald Juhnke, HEINZ ERHARDT, Edgar Bessen, Rudolf Beiswanger, Rodney Geiger, Martin Holm, Bernd Kranz, Friedrich Schütter und Karl Tischlinger als Gast aus Bayern
Länge: 87 Minuten, Farbe
Erstaufführung: 31. Oktober 1969
(Anmerkung: Der Film wird unter dem Titel EINE VERRÜCKTE FAMILIE als Videokassette vertrieben; siehe Videografie.)

DIE HERREN MIT DER WEISSEN WESTE

Produktion: Rialto; Deutschland 1969
Regie: Wolfgang Staudte
Buch: H.O. Gregor, Paul Hengge
Kamera: Karl Löb
Schnitt: Jane Seitz
Musik: Peter Thomas
Darsteller und ihre Rollen: Martin Held (Oberlandesgerichtsrat a.D. Herbert Zänker), Walter Giller (Kriminalinspektor Walter Knauer), HEINZ ERHARDT (Studienrat a.D. Heinrich Scheller), Agnes Windeck (Elisabeth Zänker), Hannelore Elsner (Susan), Rudolf Platte (Kellner Pietsch), Herbert Fux (Luigi Pinelli), Rudolf Schündler (Dipl.-Ing. Willy Stademann), Willy Reichert (Kriminalrat a.D. Sikorski), Sabine Bethmann (Monika Zänker), Siegfried Schürenberg (Kommissar Berg), Tilo von Berlepsch (Juwelier), Norbert Grupe (Max Graf, Boxer), Mario Adorf (Bruno Stiegler, Box-Promoter) sowie Achim Strietzel, Max Nosseck, Helga Grau, Kurt Pieritz, Erich Fiedler, Kurt von Ruffin, Reinhold Brandes, Otto Graf
Länge: 91 Minuten, Farbe
Erstaufführung: 12. März 1970

WAS IST DENN BLOSS MIT WILLI LOS? / GRÜSS SIE GOTT, FRAU STIRNIMA!

Produktion: Rialto; Deutschland 1970
Regie: Werner Jacobs
Buch: Eckart Hachfeld, nach dem Bühnenstück »Wem Gott ein Amt gibt«
Kamera: Karl Löb
Musik: Heinz Alig
Darsteller und ihre Rollen: HEINZ ERHARDT (Willi Winzig), Ralf Wolter (Felix Klein), Helen Vita (Frau Stirnima), Ruth Stephan (Annie Engel), Paul Esser (Motzmann), Willy Reichert (Staatssekretär Kuhländer), Rex Gildo (Frank Kuhländer), Wolfgang Lukschy (Dr. Finz), Ingrid van Bergen (Dr. Sigrid Kubin), Friedrich Schoenfelder (Dr. Senn), Inge Wolffberg (Fräulein Grauvogel), Rudolf Schündler (Fridolin), Fred Howe (Professor Klappmüller), Max Nosse (Aga Ben), Stella Mooney (Helga)
Länge: 87 Minuten, Farbe
Erstaufführung: 17. Juli 1970

DAS KANN DOCH UNSREN WILLI NICHT ERSCHÜTTERN

Produktion: Terra-Filmkunst, Allianz; Deutschland 1970
Regie: Rolf Olsen
Buch: Rolf Olsen
Kamera: Franz X. Lederle
Schnitt: Renate Willeg
Musik: Erwin Halletz
Darsteller und ihre Rollen: HEINZ ERHARDT (Willi Hirsekorn), Ruth Stephan (Sieglinde Hirsekorn), Günther Jerschke (Buntje), Käthe Jaenicke (Mizzi), Hans Terofal (Luitbert), Irina von Bentheim (Lotti), Nicolai von Bentheim (Kuno), Angelika Baumgart-Frey (Petra), Klaus-Hagen Latwesen (Herbert), Almut Berg (Clementine), Siegfried Munz (Adrian), Guilia del Fabro (Paola), Rolf Olsen (Romolo), Toto Mignone (Guiseppe)
Länge: 83 Minuten, Farbe
Erstaufführung: 26. November 1970

UNSER WILLI IST DER BESTE

Produktion: Rialto; Deutschland 1971
Regie: Werner Jacobs
Buch: Rolf Ulrich, Reinhold Brandes
Kamera: Karl Löb
Musik: Peter Thomas
Darsteller und ihre Rollen: HEINZ ERHARDT (Willi Winzig), Ruth Stephan (Heidelinde), Rudolf Schündler (Mümmelmann), Jutta Speidel (Biggi), Bruno Dietrich (Andreas), Henry Vahl (Opa), Paul Esser (Herr Kaiser), Elsa Wagner (Alte Dame), Herbert Weißbach (Portier im Finanzamt), Martin Hirthe (Hauswirt), Peter Schiff (Vertreter), Thilo von Berlepsch (Briefmarkensammler). Den Titelsong singt HEINZ ERHARDT.
Länge: 86 Minuten, Farbe
Erstaufführung: 3. September 1971

WILLI WIRD DAS KIND SCHON SCHAUKELN

Produktion: Rialto; Deutschland 1971
Regie: Werner Jacobs
Buch: Reinhold Brandes, Rolf Ulrich, nach dem Volksstück »Die Eintagsehe« von F. Seitz und J. Becker
Kamera: Karl Löb
Darsteller und ihre Rollen: HEINZ ERHARDT (Willi Kuckuck), Erika von Thellmann (Tante Elvira), Hannelore Elsner (Constanze), Barbara

›Willi wird das Kind schon schaukeln‹

Schöne (Betty), Claudia Buthenuth (Agnes), Ernst H. Hilbich (Schnekke), Gernot Endemann (Julius Appel) sowie Stefan Behrens, Loni Heuser, Gesine Hess, Balduin Baas, Henning Schlüter, Rainer Brönneke, Hans Terofal, Reinhold Brandes, Klara M. Skala und Uwe Seeler
Länge: 84 Minuten, Farbe
Erstaufführung: 24. Februar 1972

233

V. Videographie

Alle Angaben sind ohne Gewähr, da sich die Lizenzlage dauernd ändert. In Klammern angegeben ist jeweils die Video-Firma, die die Kassetten verkauft und/oder verleiht. Bei den mit (*) gekennzeichneten Filmen stand bei Redaktionsschluß noch nicht fest, wer den Vertrieb und/oder Verkauf übernimmt.

1. Kinofilme

Das kann doch unsren Willi nicht erschüttern (UFA)
Doppelt verheiratet hält besser (UFA)
   = *Warum hab' ich bloß 2 x ja gesagt?*
   = *Der liebestolle Schlafwagenschaffner*
Drillinge an Bord (*)
Eine verrückte Familie (GFV)
   = *Klein Erna auf dem Jungfernstieg*
Die Herren mit der weißen Weste (Taurus)
Der letzte Fußgänger (Taurus)
Mein Mann, das Wirtschaftswunder (*)
Natürlich die Autofahrer (*)
Der Ölprinz (Video Box)
Otto ist auf Frauen scharf (UFA)
Unser Willi ist der Beste (Taurus)
Vater, Mutter und neun Kinder (*)
Witwer mit fünf Töchtern (*)

2. Fernsehfilme

Abenteuer in Norfolk plus *Der Fachmann* (Spectrum)
Ersteres ist eine Gruselgeschichte, in der Heinz Erhardt als Arthur Smith in einem einsamen Landhaus nachts einige Leute trifft, die schon seit 30 Jahren tot sind. Zweiteres ist eine Krimi-Groteske, in der Heinz Erhardt den ehemaligen Safe-Knacker Otto Klinke spielt, der noch einmal ein Ding dreht.

Eine gewisse Marietta plus *Ein ruhiges Stündchen* (Spectrum)
Der erste Film ist eine Verwechslungskomödie, in der Heinz Erhardt als Buchhalter Vogel fälschlicherweise von besagter Marietta 60 000 DM be-

kommt – »zur Erinnerung an unvergeßliche Stunden«. Im zweiten Film springt Erhardt als Heinrich Wende bei einer Nachbarin als Babysitter ein und entfesselt in kürzester Zeit ein totales Chaos.

Willi Winzig plus *Der Kurpfuscher* (Spectrum)
Ersteres ist eine relativ kurze, in Pappmaché-Kulissen gedrehte Version des Stücks *Wem Gott ein Amt gibt,* das Heinz Erhardt später bearbeitet und zu *Das hat man nun davon* umtitelt. Zweiteres ist eine Groteske, in der Erhardt als Wunderheiler Zyprian agiert und die dumme Landbevölkerung abkassiert.

VI. Discografie

HEINZ ERHARDT – WIE ER LEIBT UND LEBT
Published 1969
u. a. »Über meine Schulzeit«, »Schillers Glocke«, »Erste Liebe«, »Jetzt
mach' ich Gedichte«, »Etwas über den Kuckuck« LP, INTERCORD
130.031 (Musik-Cassette = MC 430.031)

HEINZ ERHARDT – HEUTE WIEDER EIN SCHELM
Published 1972
u. a. »Noch'n Gedicht und andere Ungereimtheiten«
LP, TELDEC 6.25210 LF (MC 4.25210 PF)

**HEINZ ERHARDT – WAS BIN ICH WIEDER FÜR EIN
SCHELM**
Published 1972
u. a. »Heute wieder ein Schelm«, »Schalk im Nacken – frisch vom Rill«,
»Noch'n Gedicht und andere Ungereimtheiten«
2 LPs, TELDEC 6.28019 DP (MC 4.21940 CT)

HEINZ ERHARDT – DAS GROSSE LACHEN
Published 1977
u. a. »Tierisch-Satierisches«, »Klassisch-Erstklassisches«, »Schwänke
aus heiterem Himmel«, »Besinnliche Werke«
2 LPs, TELDEC 6.28419 DP (MC 4.28419 CT)

NOCH'N LIED – UNVERGESSENER HEINZ ERHARDT
Published 1979
u. a. »Die Skat-Polka«, »Mein Mädchen«, Pappis Wiegenlied«, »Bin ich
verliebt«, »Das Wackellied«, »Noch'n Abschiedslied«
LP, PHONOGRAM 9294 163 (MC 7252 248)

**HEINZ ERHARDT ALS WILLI WINZIG IN »DAS HAT
MAN NUN DAVON«**
Published 1979
Nach dem Lustspiel »Wem Gott ein Amt gibt« von Wilhelm Lichten-
berg, neubearbeitet von HEINZ ERHARDT
Eine Produktion des Nordsüd-Theaters Oldenburg
Zwischentexte und verbindende Worte: Horst Klemmer
2 LPs, TELDEC 6.28480 (MC 4.28480 CT)

PORTRAIT HEINZ ERHARDT
Published 1981
Sampler mit Material aus WAS BIN ICH WIEDER FÜR EIN
SCHELM und DAS GROSSE LACHEN
2 LPs, TELDEC 6.28552 DO (MC 4.28552 CO)

PROFILE: HEINZ ERHARDT
Sampler mit bereits veröffentlichtem Material
LP, TELDEC 6.24029 AL (MC 4.24029 CL)

HEINZ ERHARDT – NOCH'N GEDICHT
Produziert 1983
Große Jubiläumsausgabe (75 Jahre HEINZ ERHARDT) mit dem gesamten
Material der Doppel-LPs WAS BIN ICH WIEDER FÜR EIN
SCHELM und DAS GROSSE LACHEN
4 LPs, TELDEC 6.30126 DY

HEINZ ERHARDT – HUMOR IST TRUMPF
Produziert 1984
Bisher unveröffentlichte Originalaufnahmen aus Rundfunk-Sendungen
des NDR, SDR und WDR aus den Jahren 1949 bis 1971
Zusammenstellung: Horst Klemmer
2 LPs, TELDEC 6.28641 DP (MC 4.28641 CT)

Nicht mehr lieferbar ist DIE ORIGINALAUFNAHME DER ZEHNPFEN-
NIGOPER aus dem Jahr 1948, die 1979 in Haer bei Hamburg unter der
Nummer 200279 herausgekommen war.
Bei der TV-Neubearbeitung, die am 21. Februar 1979 unter dem Titel
»Noch'ne Oper« ausgestrahlt wird, veröffentlicht das ZDF folgenden
Pressetext:
»(...) Vor rund vierzig Jahren hat Heinz Erhardt sein Werk geschrieben.
Weil es nur ein Drittel der Länge der ›Dreigroschenoper‹ von Brecht und
Weill aufweist, nannte er es ebenso verschmitzt wie bescheiden ›Zehn-
pfennigoper‹. Jürgen Haacker und Gero Erhardt, der Sohn des Künst-
lers, haben sie 1978 in eine fernsehgerechte, zeitgemäße Form gebracht.
Die drei erheiternd theatralischen Ritter-Akte, Kernstück der ›Heinz-
Erhardt-Oper‹, spielen im deutschen Mittelalter auf der Burg des streit-
baren Raubritters Kunibert. Dieses ›Ritter-dando‹, wie der Verfasser es
nennt, ist in eine Rahmenhandlung eingebettet, deren Schauplatz zwischen Herbstwald und Opernbühne wechselt.

Heinz Erhardt sitzt als Dichter und Komponist auf einer Parkbank und schreibt seine Ideen auf. Dabei läßt er sich durch verschiedene große Komponisten wie Beethoven, Wagner und Mozart kräftig anregen. Einige Ideen verwirft er wieder, zerknüllt das Papier und läßt es davonflattern. Eifrig sucht ein auf Sauberkeit achtender Parkwächter diese Zettelflut zu bewältigen. Es gelingt ihm nur teilweise, weil der Wind die Blätter in alle Welt verweht.

Auf der Probebühne ringen Operndirektor, Regisseur und andere Theaterleute um eine publikumswirksame Form für das ›Ritter-dando‹. Heinz Erhardt entwickelt ihnen seine Vorstellung vom Stück.

1. Akt:

Burgherr Kunibert und seine Mannen widmen sich stimmgewaltig der Vertilgung von Alkohol. Des Ritters holdes Weib Clothilde berichtet in großer Arie: »Ich hab' ein Bad genommen, das ist mir nicht bekommen, das Wasser war zu kalt.« Zu ihnen gesellt sich Kuniberts herzbrecherischer Zechkumpan mit dem tenoralen Auftrittslied: »Ich bin der Ritter Geierblick, ich bin es höchstpersönlich.«

Bedauerlicherweise mahnt jetzt der treue Diener Johann den Ritter Kunibert, es sei an der Zeit, zum Raubüberfall auf die Karawane des Spediteurs Meier aufzubrechen. So bleiben Geierblick und Clothilde allein im Burggemäuer zurück. In der Pause setzt der Theaterkritiker zu ungemein erhellenden Ausführungen über das Werk an.

2. Akt:

Clothilde und Geierblick schmachten im Duett von verbotener Minne: »Weil du mich liebst, bin ich so glücklich, weil du mich liebst, bin ich so froh.« Sie versinken in einen schier unendlichen Kuß. Während sich hinter der Bühne Rührung ausbreitet, fährt der Kritiker mit seinem Referat fort. Der Parkwächter jagt mit wechselndem Erfolg neuen Zetteln des Dichters nach.

3. Akt:

Der heimkehrende Raubritter Kunibert überrascht Clothilde und Geierblick, die einander noch immer anhimmeln. Um den gerechten Zorn des gehörnten Gatten zu entgehen, stürzt Clothilde sich vom Söller in den Tod. Blutiger Zweikampf hebt an zwischen den grimmigen Rittern. Als Kunibert fällt, singt der Chor ergriffen: »Nun liegt er da, der Gute, und schwimmt in seinem Blute.« Rachedürstend packt der Page darauf das Schwert seines Herrn und schickt den Geierblick ins Jenseits. Aus Gram scheidet er anschließend selbst aus dem Leben. Im Chor singen die heilgebliebenen Mannen: »Und wir, die wir noch leben, wir woll'n jetzt einen heben. Gießt ein! Stoßt an und hebet die Pokale!«

Beim Kampf gegen die herbstlichen Böen war der ordnungsliebende Parkwächter nur mäßig erfolgreich. Vom Winde verweht, landen Heinz Erhardts Entwürfe für die »Zehnpfennigoper« zwischen den Akten aber in geeigneten Händen. Gert Fröbe, Liselotte Pulver, Heinz Rühmann, Inge Meysel, Walter Giller, Cornelia Froboess, Freddy Quinn, Georg Thomalla und Ilja Richter tragen des Autors Aufzeichnungen weiter. Befriedigt setzt sich am Ende der Parkwächter neben Heinz Erhardt auf die Bank und spinnt den Sangesfaden der ritterlichen Mannen fort: »Jetzt geh'n wir einen heben, gell?«

Register